马克思主义视域下
中国农业高质量发展研究

罗 钰 著

中国农业出版社
北 京

图书在版编目（CIP）数据

马克思主义视域下中国农业高质量发展研究 / 罗钰
著. -- 北京 : 中国农业出版社，2025. 5. -- ISBN 978-
7-109-32420-6

Ⅰ. F323

中国国家版本馆 CIP 数据核字第 2024NE7752 号

中国农业出版社出版

地址： 北京市朝阳区麦子店街 18 号楼

邮编： 100125

责任编辑： 肖　杨

版式设计： 王　晨　　**责任校对：** 张雯婷

印刷： 中农印务有限公司

版次： 2025 年 5 月第 1 版

印次： 2025 年 5 月北京第 1 次印刷

发行： 新华书店北京发行所

开本： 700mm×1000mm　1/16

印张： 9

字数： 180 千字

定价： 85.00 元

新时代，在以习近平同志为核心的党中央坚强领导下，中国完成脱贫攻坚、全面建成小康社会的历史任务，实现了第一个百年奋斗目标，在全党全国各族人民迈上全面建设社会主义现代化国家新征程、向第二个百年奋斗目标进军的关键时刻，中国农业高质量发展势在必行，意义深远。

2022年党的二十大胜利召开，报告指出："加快构建新发展格局，着力推动高质量发展。""高质量发展是全面建设社会主义现代化国家的首要任务。""大自然是人类赖以生存发展的基本条件。尊重自然、顺应自然、保护自然，是全面建设社会主义现代化国家的内在要求。必须牢固树立和践行绿水青山就是金山银山的理念，站在人与自然和谐共生的高度谋划发展……加快发展方式绿色转型。推动经济社会发展绿色化、低碳化是实现高质量发展的关键环节。"农业的高质量发展是实现经济社会高质量发展的重要组成部分。

实现高质量发展，必须把握新发展阶段，完整、准确、全面地贯彻创新、协调、绿色、开放、共享新发展理念，其中绿色是农业高质量发展的底色，保持绿色底色是实现中国农业高质量发展的关键。中国农业高质量发展彰显了在农业发展中尊重自然、顺应自然、保护自然，也是生态文明建设在农业领域的重要体现，实现在农业发展中人与自然和谐共生，推动人与自然和谐共生的中国式现代化发展。

农业是国民经济的基础，农业的可持续性发展、绿色发展、高质量发展是持续健康经济发展的重要基础，是满足人民美好生活需要与维护社会稳定的重要保障，是保护国家生态安全及促进人与自然和谐共生的重要措施。粮食安全是"国之大者"。当前世界进入新的动荡变革期，世界格局呈现出多元化、复杂化、不稳定的态势，发展面临的风险挑战越来越严峻，发展稳定的任务更加艰巨繁重。中国农业高质量发展是把握时机、直面挑战的主动作为，是实现农业稳定和可持续发展的必然要求，是让中国人的饭碗牢牢端在自己手中的重要途径，是维护国家粮食安全的重要措施。

著 者

2024 年 5 月

CONTENTS 目 录

前言

第 1 章
中国农业高质量发展面对"两个大局"

党的十九届五中全会指出:"全党要统筹中华民族伟大复兴战略全局和世界百年未有之大变局。""两个大局"是相互交织、相互激荡、相互影响的。中华民族复兴既是世界大变局的有机组成部分,又是其重要推动因素;世界大变局则为实现中华民族伟大复兴提供了条件和机遇,也带来了潜在风险和挑战。在中国特色社会主义进入新时代、中华民族前所未有地接近伟大复兴目标、中国日益走近世界舞台中央的背景下,中国与世界的关系正在发生历史性变化。"两个大局"背景下中国农业应该如何发展?这是时代的考题。独立自主、自力更生是中华民族奋斗的战略基点。面对复杂形势和艰巨任务,必须立足于实现中华民族伟大复兴的战略全局,着眼于科学把握和有效应对世界大变局,认真做好自己的事情,这是关键。中国农业要高质量发展,必须深刻把握"两个大局"之间的内在联系,并在发展中努力推动"两个大局"之间的良性互动和相互促进,这才是面对"两个大局"谋发展的正确回答。

1.1 世界百年大变局下的农业战略应对

农业是国民经济的基础,是经济发展的保障,实现农业的高质量发展至关重要。当前,世界百年未有之大变局加速演进,世界进入新的动荡变革期,中国农业高质量发展面临重大挑战。

1.1.1 全球环境问题日益突出

在人类文明进程中,环境问题始终与人类并肩而行。人类的行为会对环境产生影响,如污染和资源消耗。如今全球环境正面临着严峻形势,如气候变化、生物多样性丧失、海洋酸化、土壤退化等,全球环境问题日益突出,这些问题对人类的生存和发展构成前所未有的威胁,对农业的发展也产生了重要影响。

第一,土壤污染是不容忽视的问题。过度耕作、过度使用化肥和农药等因素导致土壤肥力下降,土壤污染加剧。工业生产中排放大量未经处理的水、气、渣等有害废物,严重破坏农业的生态平衡和自然资源,导致农作物减产和农产品品质降低,对农业生产的发展造成极大的危害;土壤污染还会使本来就紧张的耕地资源更加短缺,而污染物具有迁移性和滞留性,会继续造成新的土地污染。在土壤污染中,重金属是影响农用地土壤环境质量的主要污染物。这些都对农业生产造成了严重影响,并且对食品安全构成了威胁。

第二,气候变化无疑是当前最紧迫的环境问题。人类活动导致大量温室气体排放,过度的碳排放导致全球气温上升,极端天气事件频繁发生,致使洪涝、干旱、风暴等灾害现象出现。洪涝灾害使得农作物根部缺氧而影响正常生长,农田积水则会滋生病菌和害虫等,使得农作物大面积死亡,导致农作物减产;农田被淹没,农民的房屋和农作物被破坏,在洪涝过程中,人员的生命安全受到威胁。2022 年,全球共发生较大洪水灾害 163 次,造成的死亡人口达 8 049 人;我国洪涝灾害共造成 3 385.3 万人次受灾,因灾死亡失踪 171 人,直接经济损失 1 289 亿元。我国各类自然灾害造成的直接经济损失中,洪涝灾害占比最高,达到了 54.0%。此外,全国共发生滑坡、崩塌、泥石流等地质灾害 5 659 起。干旱灾害的发生,轻则影响农作物正常的生长发育,重则造成农作物死亡,从而使农作物减产或失收。2022 年,我国各类自然灾害造成的受灾人口中,干旱灾害占比最高,达到了 46.6%。2000 年至 2022 年,全球气候极端事件共 652 次,造成全球 62.1 亿人次受灾,因灾伤亡 183.7 万人(其中 51 万人死亡、132.7 万人受伤),直接经济损失超过 3.27 万亿美元。2022 年,我国受极端天气影响,发生珠江流域性洪水、辽河支流绕阳河决口、青海大通及四川平武和北川山洪灾害、长江流域夏秋冬连旱以及南方地区森林火灾等重大灾害。全年各种自然灾害共造成 1.12 亿人次受灾,因灾死亡失踪 554 人,紧急转移安置 242.8 万人次;倒塌房屋 4.7 万间,不同程度损坏 79.6 万间;农作物受灾面积 1 207.16 万公顷;直接经济损失 2 386.5 亿元。在气候变化的影响下,人类的社会活动、农业生产、生存环境等各方面都受到了深远影响,并且随着时间的推移,这些影响将进一步加剧,对人类社会的生存和发展构成严重威胁。

第三,生物多样性丧失是环境问题的一大痛点。20 世纪 70 年代以来,开垦、基础设施建设、城市扩张、采矿、道路扩建、水电大坝以及管线建设等造成陆地和淡水生态系统退化,造成毁林、生境破碎化等,进而导致生物多样性丧失。自 20 世纪 80 年代以来,海洋塑料污染增加了 10 倍,至少影响到 267 个物种。由于过度开发、污染、城市化、农业扩张等,许多物种的生存空间被严重压缩,甚至濒临灭绝。生物多样性的丧失不仅影响生态系统的平衡,还会引发连锁反应,对人类社会的健康和安全构成潜在威胁。

第四,海洋酸化问题日益严重。大量二氧化碳排放导致海水酸化,破坏了海洋的化学平衡,影响了海洋生物的生存环境。海洋酸化使海洋中的钙质减少,直接影响到贝类和其他有壳生物的生长和繁殖。贝类是许多渔业活动的重要资源,其减少将导致渔业收益下降。海洋酸化会改变海洋生态系统中的食物链结构,某些渔业种类的数量减少,而其他种类增多,这将导致渔业从业者需要适应新的渔业资源,增加渔业管理的复杂性。同时,海洋酸化会影响珊瑚礁的形成和生长,从而影响潜水旅游和海洋保护区的经济效益。根据《中国气候变化海洋蓝皮书(2022)》数据,1985 年至 2019 年,全球海洋表层平均 pH 下降速率每 10 年约为 0.016,海洋酸化已经由海洋表层扩大到海洋内部,3 000 米深层水中已经观测到酸化现象。1979 年至 2021 年,中国近岸海水表层 pH 总体呈波动下降趋势,江苏南部、长江口、杭州湾近岸海域海水表层酸化明显。

人类是命运共同体,保护生态环境是全球面临的共同挑战和共同责任。面对全球突出的环境问题,世界各国从多个层面采取了相应的行动。政府制定更加严格的环保法规,鼓励绿色低碳发展,减少碳排放;科研机构加强对环境问题的研究,提供科学依据和支持;公众自觉增强环保意识,积极参与环保行动,推动绿色生活方式。但是,全球环境问题仍在加剧,根据 2023 年美国国家海洋和大气管理局发布的年度气候报告,2022 年全球温室气体浓度、海平面高度、海洋热含量等指标均创历史新高。2022 年全球温室气体浓度达到有记录以来的最高水平。三种主要温室气体二氧化碳、甲烷和氧化亚氮浓度再创新高。2022 年全球地表温度比 1991 年至 2020 年的地表平均温度高 0.25~0.3℃,2022 年是自 19 世纪中后期有气温记录以来最热的 6 个年份之一。2022 年约 58% 的海洋表面经历了至少一次海洋热浪。海洋热含量和全球海平面高度达到有记录以来的最高水平。热带风暴给全球许多地区造成严重破坏。2022 年全球多地遭遇热浪袭击,频频打破高温纪录。其中,中亚、东亚地区创纪录的夏季高温导致灾难性干旱,影响超过 3 800 万人,直接经济损失达 47.5 亿美元。2022 年,北极连续第 9 年气温异常状况超过全球平均水平,南极也经历了多种极端天气,海冰范围和海冰面积单日数据屡创新低。

农业生产与自然生态环境息息相关,全球环境问题日益突出,中国农业高质量发展面临巨大挑战。中国农业发展必须探索出绿色、低碳、循环的发展模式,才能在农业生产过程中利用更加环保、高效、可持续的技术和方法,实现资源利用的高效化、生产过程的清洁化、产品质量的优质化以及农业功能的多元化,以农业的高质量发展推动全球环境问题的有效解决,实现人与自然的和谐共生。

1.1.2　全球粮食安全问题日益突出

随着全球人口的增长和经济的发展,粮食安全问题愈加严峻。近年国际粮价大涨,世界粮食储备降到了 30 年来的最低点,粮价持续飞涨已在 30 多个国家诱发粮食危机,甚至阻碍了经济增长并危及政治安全。中国是一个 14 亿多人的发展中大国,粮食安全一直是"天字第一号"的大问题。在此背景下,中国对粮食安全的重视程度提升,这个问题不仅关系到人的基本生存,而且关系到经济社会可持续发展。

第一,粮食生产受到环境不确定性的强力威胁。极端天气、气候灾害和生物灾害的发生频率和强度增加,使得粮食生产面临巨大的挑战。随着全球气候变暖,地表温度上升会增加农作物的呼吸消耗,影响光合作用的进行,导致作物籽粒灌浆不充分,较高的温度还可能加快农作物的生育进程,甚至中断或终止作物的正常生育过程,严重影响作物的产量。气候变化促使地表温度升高,从而导致土壤微生物活性提升,加速了土壤有机质和氮的流失,造成土壤退化、侵蚀、盐渍化的现象时有发生,削弱了农业生态系统抵御自然灾害的能力,影响了农作物的生存环境,农作物产量受到威胁、质量受到影响,制约了粮食生产。随着工业化、城市化进程的加速,土壤、水资源等自然资源日益紧张。土壤、土地、水资源这三项基本要素是农业粮食体系的基石。土壤是农作物根系生长的基础,水是农作物生长的重要因素之一,土壤资源质量下降、水资源紧缺会使农作物的产量下降、质量受损,粮食安全因此而受到影响。2021年,联合国粮食及农业组织(FAO)再次评估全球农业领域土壤、土地和水资源状况,发布报告《世界粮食和农业领域土地及水资源状况:系统濒临极限》。报告显示,地球土壤、土地和水资源状况持续恶化,均已"濒临极限",到 2050 年时难以满足全球将近 100 亿人口的粮食需求。若沿着当前发展轨迹,为了实现粮食增产 50% 的目标,农业取水量可能将增加约 35%。人为土壤退化波及 34% 的农地(16.6 亿公顷);城市扩张正在侵蚀良田;全世界生产的粮食中超过 95% 源自土地,但可供进一步开发的高产土地少之又少;2000 年至2017 年,人均用地面积减少了 20%。水资源短缺正在危害全球粮食安全和可持续发展,同时危及农业地区 32 亿人的生计。全球水资源平衡正面临压力,水资源短缺危害了全球粮食安全和可持续发展。在灌溉区累计整散量(消耗量)中,地下水占比约 43%,地下水利用已经面临局限。各大洲主要含水层以及高产的沿海平原(盐分侵入一直是严重威胁)的地下水已大多遭到重度开采。

第二,全球粮食供应链不稳定性也加剧了粮食安全问题。由于贸易壁垒、地缘政治等因素,粮食供应链受到冲击而导致中断的情况时有发生,从俄罗斯

停止执行黑海农产品外运协议到印度宣布大米出口禁令引发的各方担忧，从
"前所未有的干旱让东非之角陷入饥荒"到"化肥价格上涨让亚洲水稻种植成
本上升"的客观事实，从"科学家称创纪录的高温威胁全球粮食安全"到"联
合国警告全球农业正面临严峻威胁"的警钟长鸣，越来越多的国家和地区深刻
感受到粮食危机的严重性和紧迫感。联合国相关机构报告显示，2019 年以来，
受新冠疫情蔓延、气候变化冲击、地缘冲突升级等因素影响，全球饥饿人口新
增 1.22 亿多人。

全球粮食安全问题是一个复杂而重要的全球性问题，需要全人类共同面对
和解决。全球农业资源的有限性和人口需要的无限性相互作用，再加上水资源
短缺、土地资源退化、气候变化等自然环境压力不断增大，使得农业生产面临
更多困难和挑战。中国只有积极探索出自立自强的中国式农业现代化道路，才
能推进农业高质量发展，有效保障粮食安全。

1.1.3　世界政治经济格局发生变化

当今世界正经历百年未有之大变局，国际政治、经济、科技、文化、安全
等领域风险积聚，黑天鹅事件频发。多年来，经济全球化、贸易自由化一直是
推动世界经济发展的主流力量。2008 年国际金融危机和 2009 年欧债危机后，
全球化开始放缓，特别是近年来世界经济政治格局快速演变，"逆全球化"不
断升温，对全球贸易体系造成显著冲击。国际政治博弈影响深化，全球贸易摩
擦和争端频发；全球产业链布局由"效率至上"向"安全至上"转变，"多中
心化"格局初步显现，从经济发展史看，全球产业布局不断受集中化和分散化
两种力量驱动，"世界工厂"地位先后由英国、美国、日本等更迭至中国。受
新冠疫情影响，各国在产业布局上保安全与防风险的考量，正在超越追求效率
的传统动因，形成新的分散化趋势。双边与区域合作意愿更强，新型贸易秩序
加速建立，由东盟倡导，吸纳中国、日本、韩国、澳大利亚、新西兰加入的
《区域全面经济伙伴关系协定》（RCEP）于 2020 年签署，辐射约 34 亿人口、
覆盖全球 GDP 的 30%。这些新型贸易协定的生效，将对全球贸易体系和规则
产生深远影响。

第一，面对着全球化和经济实力的转移，大国之间的关系发生了一系列变
化。美国作为世界上最大的经济体，一直有着超然的国际地位。但随着世界第
二大经济体中国的经济迅速发展，积极参与全球治理，逐渐由参与者走向引领
者，对全球政治经济事务产生越来越重要的影响，两个大国之间的关系微妙而
紧张，但竞争和依赖并存，只有合作才能共赢。另外，欧盟在当前国际环境中
的角色依然十分重要，大国之间的角力和博弈愈发复杂，国际格局持续变化。
第二，东西方关系发生了显著变化。从 19 世纪建立的维也纳体系到第一次世界

大战后凡尔赛—华盛顿体系，再到第二次世界大战后形成的美苏两极的冷战格局，都是以西方为中心。随着苏联解体，美国成为世界上唯一的超级大国，想建立由其领导的单极世界，但日本、中国、俄罗斯、欧洲等具备较强综合国力的国家和国家联盟，推动着世界政治格局向多极化方向发展。而今，中国、韩国、日本等东亚国家在全球经济政治舞台上扮演着重要角色，世界格局呈现明显"东升西降"态势。第三，许多发展中国家和新兴市场国家在过去几十年里经济发展迅速，这些国家的崛起进一步推动了全球世界格局的平衡，并在全球化进程中发挥着越来越大的作用。新兴市场和发展中经济体同发达经济体保持双速增长态势，意味着新兴市场和发展中经济体在全球经济中的份额还将进一步提升，世界格局因此仍将处于深度调整变化期。

总的来说，世界政治经济格局的变化是多元化和复杂的，这些变化对中国农业高质量发展提出了新的挑战。第一，稳定紧缺农产品进口的风险会进一步加大。综合近 5 年贸易数据，正常贸易条件下，中国大豆进口的 30％～40％、猪肉进口的 15％、棉花进口的 30％来自美国，牛肉进口的 20％、棉花进口的 25％来自澳大利亚，油菜籽进口的 90％来自加拿大。如果与这些国家发生经贸摩擦，进口数量和价格的稳定性都将受到影响。此外，大豆、猪肉进口的六成左右分别来自巴西、欧盟，在贸易冲突加剧的大环境下，进口的稳定性也会受到制约。第二，优势农产品出口可能受阻。中国是全球第五大农产品出口国，年出口额近 800 亿美元，出口最主要的市场在美欧日，近几年优势特色农产品出口已经出现下降态势，受疫情冲击，水产品出口持续两位数降幅，大量中小企业保订单保市场面临突出困难，不少国家已经开始采取多种措施促进本国产品出口和销售，并对国外产品设限。再加上中国农产品出口主体"小散弱"特点突出，运用国际规则和应对贸易壁垒的软实力不足，同时支持农产品出口的政策体系尚不完备，这都将在未来国际市场竞争中面临更加严峻的挑战。第三，农业走出去将更加艰难。2020 年以来，大量境外农业项目被迫中断，一方面，各国更加"向内看"，投资限制进一步加严；另一方面，中国农业高端产能不足与低端产能过剩问题比较突出，亟须通过走出去实现产业链延长和价值链提升，而全球布局的分散化将阻碍农业跨国投资合作。第四，区域间农业合作可能受冲击。中国农业体量大、市场引力强，对区域间农业合作有"虹吸"效应，但区域间建立稳定农业经贸关系的难度加大，农业作为关键领域，博弈更加激烈复杂，同时与主要贸易伙伴之间利益平衡的难度加大。虽然挑战严峻，但中国农业高质量发展也面临新的机遇。以 FAO、WTO 为代表的全球治理和以 G20、APEC 等为代表的多边协调机制，在全球贸易体系大变局中一直发挥作用，为中国农业发展提供了保障。

世界百年未有之大变局对中国农业发展是压力，也是助力。对提升中国农业供给水平、提高抗风险能力、增强粮农治理影响力，作出更大世界贡献，都是强劲推动力。

1.2　民族复兴全局中的农业使命担当

务农重本，国之大纲。农业是经济社会发展的重要基础。实现中华民族伟大复兴是全体中华儿女团结奋斗的目标，面对中华民族伟大复兴战略全局，中国农业高质量发展要在全面推进乡村振兴加快建设农业强国、满足人民美好生活需要、遵循农业发展内在规律以及筑牢粮食安全底线上全面发力。

1.2.1　全面推进乡村振兴加快建设农业强国

农业高质量发展是全面推进乡村振兴的核心动力。推动农业高质量发展，需提高农业生产效率，提升农业效益，增加农民收入，改善农村环境，缩小城乡差距，实现农业生产的高质量、高效益、可持续发展。采取引进先进的农业技术、优化农业产业结构、推广绿色生产方式等措施，提高农业生产效率，降低生产成本，提高农民收入，为乡村振兴提供有力支撑。农业高质量发展促进农村经济的发展，为乡村振兴提供物质基础。发展现代农业、推进农村产业融合、拓展乡村旅游等途径，有效带动农村一二三产业融合发展，增加农民收入来源，提高农民生活水平，为乡村振兴提供有力保障。农业高质量发展为乡村治理现代化提供有力支持，通过加强农村基层党组织建设、推进村民自治、加强乡村文化建设等措施，提高农村治理水平，促进农村和谐稳定，为乡村振兴创造良好的社会环境。

农业高质量发展是加快建设农业强国的必然要求。强国必先强农，农强方能国强。没有农业强国就没有整个现代化强国；没有农业农村现代化，社会主义现代化就是不全面的。农业高质量发展是建设农业强国的必由之路，要不断提高农业生产效率、优化农业产业结构，创新农业发展方式、提速农业发展进程，兼顾农业发展量的突破和质的跃升，激发打破常规的后发优势和赶超态势，从而加快建设农业强国。

迈上新征程，党中央立足全面建设社会主义现代化国家、着眼统筹"两个大局"，加快推动农业大国向农业强国转变的步伐。新时代新征程农业农村现代化的主攻方向，全面推进乡村振兴的重大任务，都依靠农业高质量发展才能实现。必须深入贯彻党中央的战略部署，加强政策引导和扶持，加大科技投入和人才培养力度，推进农业供给侧结构性改革，提高农业综合效益和竞争力，为实现乡村振兴、建设农业强国提供坚实保障。

1.2.2　满足人民美好生活需要

进入新时代，我国社会主要矛盾是人民日益增长的美好生活需要和不平衡不充分的发展之间的矛盾。资源的合理利用、环境的有效保护，就是人民的美好生活需要，清洁空气、安全食品、健康水源等需求，就是人民获得感、幸福感、安全感的实现。人民的美好生活需要是社会稳定与繁荣的重要驱动力，不仅促进社会和谐、减少社会矛盾与不公，还平衡着经济、社会与环境之间的关系。确保当前和未来世代的需求能够得到满足，也是实现中华民族伟大复兴的重要基础。

农业高质量发展主要从粮食供应和环境保护两方面满足人民美好生活需要。一方面，农业高质量发展是确保人民获得充足、安全、丰富的口粮供应的关键。农业高质量发展，农业生产稳定有序，确保粮食播种面积稳定、产量保持在 1.3 万亿斤①以上，保障粮食等重要农产品有效供给。同时，加强农村基础设施建设、提高农民收入和生活水平，通过科技创新、适度扩大农业规模、促进农村产业发展和创业就业等举措，提高农业的综合生产能力和质量水平，提供更多的高品质农产品，满足人民对于健康、多样化的食品需求。另一方面，农业高质量发展是环境保护的保证。传统农业生产方式对人民的生存环境造成了一定的破坏，如土壤退化、水资源污染、生物多样性丧失等。推进可持续农业、生态农业和绿色农业发展是保护人民生活环境的重要途径。农业高质量发展是绿色发展，既强调经济效益也强调生态效益，还追求人民物质生活和精神生活丰盈。在中华民族伟大复兴战略全局中，中国农业高质量发展具有重要意义。

1.2.3　遵循农业发展内在规律

农业是人类生存和发展的基础，是社会经济发展的重要组成部分。随着科技的进步和社会的发展，农业发展经历了变革和调整，但是始终遵循基本规律。

一是遵循自然规律，农业发展与自然环境息息相关，农业生产以自然再生产为基础，受生物的生长繁育规律和自然条件的制约，具有鲜明的地域性、季节性、周期性。气候的变化直接影响了作物的生长和产量，土壤的性质和肥力直接影响作物的生长和品质。不同生物的生长繁育规律不同，各自要求适应不同的生态环境。生态环境的地域差异是农业生产地域分工的自然基础。中国幅员辽阔，不同地域的土、水、光、热等自然资源的数量、质量分布不同，决定

---

① 1 斤＝0.5 千克。全书同。

了不同地域生产的农产品品种、品质存在差异。正是农业生产的这种自然规律，决定了什么样的地域生态环境生产什么样品质的农产品。"橘生淮南则为橘，生于淮北则为枳"。浙江西湖龙井茶如果在湖南生产必然会失去其独特的品质，山东烟台苹果如果长在海南则会无法入口，名特优农产品无一不是在特定的地域生态环境中生产出来的。因此，农业生产必须遵循自然规律。

二是遵循经济规律。中国几千年的农耕文明孕育了诸多具有地理、历史、文化品牌价值的地域性农产品，其所具有的特殊品质，满足了广大消费者的需求，在市场上最具优势和竞争力。以市场需求为导向的农业产业结构调整是农业发展的重要战略性选择。随着经济发展，农业生产方式也在不断变革。一方面，科技进步提高了农业生产效率，降低了生产成本；另一方面，市场需求的变化推动了农业结构的调整和优化。因此，农业生产必须适应市场需求，提高产品质量和竞争力，促进农业经济的可持续发展。

三是遵循技术规律，科技进步是推动农业发展的重要动力。现代农业技术不断创新和应用，如精准农业、智能化种植、生物技术等，大大提高了农业生产效率和品质。同时，随着信息技术的发展，农业数据和信息的管理和应用也越来越重要。因此，农业发展必须注重科技创新，推动技术进步，提高农业生产力和竞争力。

四是遵循社会规律。政府应制定合理的政策法规，为农业发展提供良好的环境。政府提供农业补贴、农业技术培训和研发投资等途径引导农民改变传统农业生产方式，鼓励农民转向高效、绿色、可持续的农业生产模式。政府以明确的政策支持发展有机农业，鼓励农民种植有机农产品，提供有机认证补贴等，坚持用政策法规推动农业发展。社会需求和消费观念的变化也对农业发展提出了新的要求，农业生产必须注重绿色、环保、健康，满足消费者日益增长的需求。

农业产业链条的延伸和升级，带动农村经济的发展，提供就业机会，增加农民收入，减少农村贫困。农产品的加工和流通环节的发展，创造更多附加值和就业机会，推动经济高速发展。发展现代农业和促进农村一二三产业融合发展，推动农村经济的转型升级，促进农村产业结构的优化，以及农村地区的发展，实现乡村振兴，推动城乡居民共同富裕。站在中华民族伟大复兴战略全局，中国农业高质量发展必须遵循自然规律、经济规律、技术规律和社会规律，以农业产业发展作为实现农业强国的强力支撑。

1.2.4　筑牢粮食安全底线

关于粮食安全，1974 年，联合国粮食及农业组织对粮食安全的定义为，粮食安全从根本上讲指的是人类的一种基本生活权利，即"应该保证任何人在任何地方都能够得到未来生存和健康所需要的足够食品"，它强调获取足够的粮食是人类的一种基本生活权利。1983 年，联合国粮食及农业组织对这一定义作了修改，提出粮食安全的目标为"确保所有的人在任何时候既能买得到又能买得起所需要的基本食品"。粮食安全是政治安全的重要基础，是经济安全的重要基础，是最重要的民生问题。要始终把保障国家粮食安全摆在首位，筑牢粮食安全底线。面对中华民族伟大复兴战略全局，要筑牢粮食安全底线，就要加强耕地保护，做到自立自强（图1-1）。

图1-1　黑龙江省富锦市万亩①水稻科技示范园里的稻田画
来源：新华社。新华社记者王建威摄。

耕地是粮食生产的基础，保护耕地意味着保护粮食生产的物质基础，确保粮食供应的稳定性和可持续性。耕地有限，每一年的耕地面积很难增加，因此，保护现有耕地对于确保粮食供应至关重要。全球粮食市场存在着供求的不平衡和价格波动的风险，强化耕地保护，增加国内粮食产量和供应的稳定性，降低对国际市场的依赖，有利于控制食品价格的波动，减轻国内居民生活成本的压力。粮食安全也与国家的战略安全密切相关，耕地作为国家粮食安全的重要战略资源，保护耕地也是源于对国家安全的考虑。凡事预则立，不预则废，保护耕地，就是确保粮食安全，是国家战略安全的重要举措之一。自给自足是实现粮食安全的重要目标，通过耕地保护，提高耕地利用率和农作物产量，减少对进口粮食的依赖，增强自给能力，确保人民的粮食需求得到满足。

全面推进乡村振兴，必须把牢粮食安全主动权；中国农业高质量发展，必须筑牢粮食安全底线。"底线"就是能够生产粮食的耕地，有了耕地，实现在耕地上的自立自强，才能在粮食安全上实现自立自强，才能在中华民族伟大复

---

① 1亩≈666.7米²。全书同。

兴战略全局中找到中国农业高质量发展的正确方向。筑牢粮食安全底线需构建"四位一体"的系统性保障体系，通过制度创新、技术赋能、生态治理和全球协作的多维联动，在动态平衡中实现耕地保护与粮食产能的协同提升。当前全球粮食体系面临气候变化、地缘冲突、能源危机等复合型风险，我国人均耕地仅 1.36 亩，不足世界平均水平的 40%，更需以战略思维构建新时代耕地保护新范式。在制度方面，实施"空间管控＋质量提升"双重战略。严守 18 亿亩耕地红线，将永久基本农田划定精度提升至厘米级，建立耕地"红黄蓝"三级预警机制。截至 2023 年底，全国累计建成高标准农田超过 10 亿亩，其中 13 个粮食主产省（自治区）累计建成面积约占全国的七成。创新耕地保护补偿机制，部分省份试点"耕地保护券"交易制度，允许建设用地指标与耕地质量提升指标跨区域置换，实现"占优补优"动态平衡。建立"田长制"网格化管理体系，将永久基本农田保护任务落实到责任人、责任地块和责任网格，构建"空天地网"一体化监测网络。在技术方面，推进"数字孪生＋智能管控"融合应用。构建耕地质量大数据平台，集成土壤墒情、地力等级、污染状况等 23 类数据要素，实现每块耕地"数字身份证"动态更新。在东北黑土区部署众多物联网设备，建立厘米级精度的黑土层厚度监测系统，配合激光平地、秸秆深翻等技术，使重点区域黑土地有机质含量实现提升。在生态治理方面，构建"产能提升-生态安全-碳汇增益"的协同机制。在长江经济带推行"三区四带"生态种植模式，通过稻渔共作、林粮间作等系统，提升单位耕地生态服务价值。实施耕地轮作休耕制度化工程，在重金属污染区建立"植物修复＋生物质发电"循环体系。在全球协作方面，建立国际粮食供应链"双循环"体系。推动建立金砖国家粮食应急储备机制，加强关键种源技术攻关，国家农作物种质资源库（圃）长期战略保存种质资源达到 53 万余份，保存数量位居世界第二、玉米、水稻等主要粮食作物自主品种种植面积占比达 95% 以上。通过多措并举，我国粮食产能连续 9 年稳定在 1.3 万亿斤以上，粮食自给率保持在 98% 的绝对安全线，为应对全球粮食危机贡献了中国方案。

第 2 章

中国农业高质量发展的内涵与外延

中国农业高质量发展是一个复杂而系统的工程，其内涵与外延是相辅相成的。在推进农业高质量发展的过程中，要深刻理解中国农业高质量发展的核心要义、特征以及外延。

2.1　农业高质量发展的核心内涵：质量优先与效益提升

中国农业高质量发展的内涵是丰富而又深刻的，它既涉及生产环节的优化和提升，又涉及整个农业产业链的绿色化、生态化、协同化发展。为了更好地理解中国农业高质量发展的内涵，需要深入探讨其核心要义和特征。

2.1.1　核心要义

农业高质量发展的底色是"绿色"，在我国农业不断发展中，自2015年在党的十八届五中全会上首次提出绿色发展理念后，我国农业进入绿色发展阶段。绿色发展是以效率、和谐、持续为目标的经济增长和社会发展方式。在当今世界，绿色发展已经成为一个重要趋势，许多国家把发展绿色产业作为推动经济结构调整的重要举措，突出绿色的理念和内涵。

绿色发展与可持续发展在思想上是一脉相承的，绿色发展既是对可持续发展的继承，又是中国特色社会主义应对全球生态环境恶化客观现实的重要措施，符合历史潮流的演进规律。农业农村部关于农业绿色发展内涵的相关表述为：一是更加注重资源节约。这是农业绿色发展的基本特征。长期以来，我国农业高投入、高消耗，资源透支、过度开发。推进农业绿色发展，就是要依靠科技创新和劳动者素质提升，提高土地产出率、资源利用率、劳动生产率，实现农业节本增效、节约增收。二是更加注重环境友好。这是农业绿色发展的内在属性。农业和环境最相融，稻田是人工湿地，菜园是人工绿地，果园是人工园地，都是"生态之肺"。近年来，农业快速发展的同时，生态环境也亮起了"红灯"。推进农业绿色发展，就是要大力推广绿色生产技术，加快农业环境突出问题治理，重显农业绿色的本色。三是更加注重生态保育。这是农业绿色发展的根本要求。山水林田湖草沙是一个生命共同体。长期以来，我国农业生产方式粗放，农业生态系统结构失衡、功能退化。推进农业绿色发展，就是要加快推进生态农业建设，培育可持续、可循环的发展模式，将农业建设成为美丽中国的生态支撑。四是更加注重产品质量。这是农业绿色发展的重要目标。当前，农产品供给充足，优质的、有品牌的还不多，与城乡居民消费结构快速升级的要求不相适应。推进农业绿色发展，就是要增加优质、安全、特色农产品供给，促进农产品供给由主要满足"量"的需求向更加注重"质"的需求转变。中国农业绿色发展研究会学者认为，农业绿色发展，是指以绿色发展理念为引领，以尊重自然为前提，以统筹经济、社会、生态效益为基本原则，以绿色科技创新与体制机制创新为驱动，实现粮食安全、资源高效、环境友好、富裕健康多目标协同发展的农业变革过程[①]。

改革开放 40 多年来中国经济从中高速增长到高速发展再到中低速增长，以年均 9.23% 的速度增长，取得的巨大成就为迈向高质量发展奠定了坚实的基础[②]。2017 年首次提出高质量发展。关于农业高质量发展的内涵，2021 年中央一号文件专家座谈会成员高强认为："高质量发展是能够更好满足人民不断增长的真实需要的经济发展方式、结构和动力状态。农业高质量发展既与农业本质属性密切相关，又与经济发展规律紧密相连。一方面，农业高质量发展要与农业本质规定性相协同。另一方面，农业高质量发展要与经济高质量发展的基本规律相一致。从理论角度看，农业高质量发展是坚持人民主体性的发展，是实现农业农村现代化的必然选择，也是中国式现代化道路的重要支撑。以实现'碳达峰、碳中和'目标为牵引推动农业高质量发展，已成为当前和今后中长期内社会主义现代化建设的重要内容之一。从实践角度看，推动农业高质量发展要兼顾质量和效益双重价值取向，不仅包括农产品的提档升级，还包括产业发展质量的持续提升和农业功能的不断拓展[③]。"中国农业绿色发展研究会学者认为："农业高质量发展的重点是农业产业的高质量发展。农业产业高质量发展是提升产品品质、增强产业效率、维护绿色生态、提高市场竞争力等多维度的高质量发展。农业绿色发展是农业高质量发展的前提条件，是推进农业高质量发展、农业农村现代化和实施乡村振兴战略的重大举措。农业高质量发展涵盖农业绿色发展，是以农业绿色发展为基础，实现农业经济和农业效

---

① 引自中国农业绿色发展研究 2022 年简报第 4 期。

② 张建伟，曾志庆，李国栋. 新时代农业经济高质量发展：理论阐释与逻辑机理［J］. 农业经济，2023（4）：3-5.

③ 高强. 农业高质量发展：内涵特征、障碍因素与路径选择［J］. 中州学刊，2022（4）：29-35.

益的最大化,是农业绿色发展的'升级版'①。"

中国农业高质量发展是我国农业改革走深走实的再升级,以绿色为底色走高质量发展之路是我国农业发展的坚定方向。农业绿色发展本质上是一种高质量的可持续发展,旨在推动形成资源节约保育、生态环境安全、绿色产品供给和生活富裕美好的农业农村高质量持续发展新格局②。党的十九大报告提出的"建立健全绿色低碳循环发展的经济体系"为新时代背景下高质量发展指明了方向,"高质量发展"根本在于经济的活力、创新力和竞争力,而经济发展的活力、创新力和竞争力都与绿色发展紧密相连,密不可分。离开绿色发展,经济发展便丧失了活水源头而失去了活力;离开绿色发展,经济发展的创新力和竞争力也就失去了根基和依托。

农业高质量发展就是指农业产业在实现数量增长的同时,更加注重质量、效益和可持续性的发展模式。这种发展模式不仅有助于提升农民的收入和生活水平,还能推动农业现代化和农村经济的繁荣。中国农业高质量发展涵盖了多方面的内容,主要包括:第一,高质量的农业生产。高质量的农业生产是农业高质量发展的基础,这意味着要实现农业生产的标准化、绿色化和优质化。标准化是指在农业生产过程中,要建立统一的标准,以确保农产品质量的稳定;绿色化则是指要积极推广有机农业和生态农业,减少化肥和农药的使用,以保护生态环境;优质化则是指要注重农产品品质的提升,以满足消费者对高品质农产品的需求。第二,高效率的农业经营。高效率的农业经营是农业高质量发展的重要组成部分,主要包括了提高农业生产效率、降低生产成本、提高农民收入等方面,为了实现这一目标,引入现代化的农业技术和设备,提高农业生产效率。同时,整合农业产业链,提高农产品附加值,从而提高农民收入。第三,高质量的农业服务。除了农业生产本身,农业高质量发展的另一个重要方面是高质量的农业服务,包括了农业科技服务、农产品销售服务、农村金融服务等。引进先进的农业科技,有效提高农产品的产量和质量;发展多元化的农产品销售渠道,提高农产品的附加值;提供优质的农村金融服务,为农民提供更好的资金支持,帮助其扩大生产规模,提高生产效益。第四,高水平的农业管理。高水平的农业管理是农业高质量发展的关键,这包括对农业生产的全过程进行有效监管和控制,以确保农产品的质量和安全。同时,强化对农民的教育和培训,提高农民的素质和能力,以适应现代农业发展的需要。

---

① 引自中国农业绿色发展研究 2022 年简报第 4 期。

② 中国农业绿色发展研究会,中国农业科学院农业资源与农业区划研究所.中国农业绿色发展报告 2022 [M].北京:中国农业出版社,2023.

2.1.2 特征

中国农业高质量发展是近年来农业领域的一项重要战略目标。在全面建设社会主义现代化国家的进程中，倡导绿色发展理念已成为一种趋势，农业作为国民经济的基础和人民生活的保障，其走向高质量是必然趋势，并在这其中农业高质量发展具有自身特征。中国农业高质量发展主要有以下特征：

第一，绿色生态化生产。在以"绿色"为底色的基础上，绿色生态化生产是农业高质量发展的一个重要特征，强调在保证农产品质量和产量的前提下，实现可持续发展。中国农业高质量发展倡导绿色生产方式，通过减少化肥和农药的使用，推广有机农业、生态农业和精细化农业技术，减少对环境的污染和破坏，保护和改善农田生态环境，提高农产品质量和安全性。在传统农业生产方式中过度使用化肥、农药等化学物质，导致土壤、水体等生态环境的破坏。绿色生态化生产则注重采用生态、有机的方式进行生产，减少化学物质的使用，保护土壤、水体等生态环境，实现可持续发展。例如，有机农业生产遵循自然规律和生态学原理，采用有机肥料和无害化处理方式，避免了化学物质的过度使用，保护了生态环境。并且传统农业生产方式往往是短期行为，追求产量而忽略了环境的承载能力。绿色生态化生产更加注重长期可持续发展，在保证农产品质量和产量的前提下，最大限度地保护和恢复生态环境，实现可持续发展。绿色生态化生产也强调农业生产的社会责任，传统农业生产方式中是以农民为主要受益者，而忽略了环境和社会的利益。绿色生态化生产则注重社会责任，在生产过程中注重环境保护、资源利用、社会责任等方面的平衡，实现了经济、社会、环境三者之间协调发展。例如，有机农业生产注重消费者的健康和权益，采用有机标准和认证方式，保证了产品的质量和安全，同时也注重社会责任，保护了生态环境和社会利益。绿色生态化生产是农业高质量发展的一个重要特征，它强调生态环境保护、可持续发展和社会责任，实现了经济、社会和环境的协调发展。在未来的农业发展中，继续推广绿色生态化生产方式，有利于实现农业的可持续发展、绿色发展以及高质量发展（图 2-1）。

第二，生产方式智能化。中国农业高质量发展采用现代化手段，推广智慧农业、精准农业等先进生产方式，通过利用大数据、云计算、物联网等技术，实现农业生产全程监测、精准管理，提高资源利用效率，减少农药、化肥、水等农业生产投入，降低环境污染风险。农业高质量发展的生产方式智能化特征，一是体现在生产过程中的自动化和智能化，传统农业生产方式主要依靠人力和简单的机械设备，现代农业则采用更为先进的自动化和智能化设备。例如，无人机和传感器等设备实时监测土壤和气象条件，从而为农民提供更为准

图 2-1 生态农田

来源：山东环境。

确的种植建议。同时，智能化的灌溉系统根据作物的需求精准地浇水施肥，从而提高了农作物的品质和产量。二是体现在农业生产的可持续发展上，传统农业生产方式会对环境造成较大的污染和破坏，而现代农业采用更为环保的生产方式。例如，农业废弃物的回收和利用、化肥和农药的使用量控制等措施都有效地减少对环境的影响。同时，智能化的生产方式还能够实现对农业生产的精细化管理，降低资源浪费和环境污染的风险。三是体现在农产品的质量和安全上，传统农业生产方式无法保证农产品的质量和安全，现代农业采用更为严格的质量控制措施。例如，农产品的追溯系统追踪农产品的生产过程和质量检测结果，从而保证农产品的质量和安全。同时，智能化的生产方式能够实现对农产品的监测和预警，及时发现和解决质量问题。农业高质量发展采用智能化的生产方式，这不仅提高了农业生产的效率和质量，还实现了环境保护和社会的可持续发展。随着科技的不断进步和应用，农业生产方式智能化将会得到更为广泛的应用和发展（图 2-2）。

第三，创新驱动的生产规模化。农业高质量发展以创新为核心驱动力，其本质是通过要素配置方式和技术应用的变革，推动生产规模化从传统资源依赖型向现代创新驱动型跃迁。这种创新驱动的生产规模化并非简单的土地集中或机械替代，而是以数字技术重构生产要素组合方式、以智能装备提升全要素生产率、以制度创新保障可持续发展能力的系统性变革。一是创新驱动的生产规模化，首先体现为土地、劳动力、资本等传统要素的数字化重构。区块链技术构建不可篡改的土地确权系统，实现产权信息的透明化与可追溯；物联网传感器实时监测土壤墒情、肥力等参数，形成动态土地质量数据库；智能算法通过机器学习优化土地供需匹配，使碎片化耕地转化为虚拟连

图 2-2　水培蔬菜
来源：光明网。

片数字资产。这种数字化重构突破地理空间限制，推动土地资源配置效率提升，单位面积产出较传统模式提高。二是生产管理的智能化跃升。智能技术的深度应用催生精准化规模管理模式。北斗导航系统实现农机厘米级作业精度，使万亩连片农田的播种、施肥标准化；智能灌溉中枢通过百万级田间传感器动态优化水肥配比，资源利用率提升；多光谱遥感技术构建作物生长模型，提前14天预警病虫害风险，防控效率提升。农业机器人集群作业系统突破传统人力限制，单日管理能力达数万亩规模，劳动生产率多倍提升。这种智能化跃升推动农业生产从经验驱动转向数据驱动，形成"感知-决策-执行"的闭环管理范式。三是产业链条的协同化创新。规模化生产与产业链创新深度融合，构建全价值链增值体系。前端通过订单农业数字化平台锁定种植规模，实现需求导向的精准生产；中端依托柔性加工技术开发多类精深加工产品，推动农产品加工转化率提升；末端借助区块链溯源系统建立品牌信用体系，增加产品价值和可信度。这种协同创新打破产业边界，形成"生产规模化-加工专业化-服务数字化"的价值创造网络。在数字技术、生物技术与装备技术深度融合的新阶段，创新驱动的生产规模化将推动农业从"规模优势"向"质量优势"跃迁。

第四，农产品高质量和品牌化。中国农业高质量发展注重食品安全和农产品的质量。加强农产品质量安全监管，建立健全农产品质量安全追溯体系，推动农产品质量标准化和认证体系建设，保障农产品的质量和安全。提升农产品的品牌效益，打造知名品牌，通过品牌营销和推广，将特定的农产品与其所属的地域、文化、历史等联系起来，提高其知名度和美誉度，实现产品的增值。品牌化的农产品不仅提高消费者的购买意愿，还促进农民收入的增加和就业的稳定。农产品高质量能满足消费者对健康食品的需求，提高消费者的满意度和信任度，促进农产品的销售和市场份额的增加；品牌化能提高农产品的附加值，增加农民的收入，提高农业产业的竞争力和可持续发展能力。在实现农业高质量发展的过程中，需要加强技术、资金和人力资源等方面的投入，同时注重品牌的营销和推广，提高产品的附加值和竞争力，从而实现农业可持续发展和消费者健康的双赢局面（图2-3）。

图2-3　首届中国（黑龙江）国际绿色食品和全国大豆产业博览会
2023年11月14日至18日在黑龙江省哈尔滨市举办
来源：新华社。

第五，农业多功能性。农业多功能性是指农业在生产粮食、饲料、油料、蔬菜、水果等农产品的同时，还具有保持水土、涵养水源、调节气候、维护生物多样性等多种功能。中国农业高质量发展强调农业的多功能性，既要保障粮食安全和农产品供应，又要提供生态系统服务，如水源保护、土壤保持、生物多样性保护等，推动农业与生态环境的协同发展。农业生产需要土地、水资源等自然资源，同时会对这些资源造成一定的破坏。农业高质量发展要求在保证粮食生产的前提下，减少化肥、农药等化学品的使用，避免过度开垦和过度放牧等行为，从而减少土地退化、水土流失等问题，保持土地的可持续利用。农业生产需要水资源，但过度使用也会导致水资源的匮乏。农业高质量发展采用节水灌溉、水循环利用等技术，减少水资源的浪费，同时加强对水源的保护，避免污染和破坏水生态环境，从而涵养水源，保持水资源的可持续利用。农业生产会影响周围的气候环境，而气候变化也会对农业生产产生影响。农业高质量发展采用适宜的种植、养殖技术，减少温室气体排放，增加土壤保水保肥能力，从而调节气候，实现气候的可持续利用。农业生产会影响周围的生物环境，而生物多样性对于维持生态平衡和生态系统的稳定性至关重要。采用轮作、间作等方式，保持生物多样性，避免生态系统的破坏，从而维护生物多样性。农业高质量发展的农业多功能性特征包括保持水土、涵养水源、调节气候、维护生物多样性等方面。这些功能的实现是在保证粮食安全的前提下，采用适宜的种植、养殖技术，减少化学品的使用，从而实现农业的可持续发展，保护生态环境和促进农村社会经济发展。

第六，具有职业化和专业化水平。在专业化的农业从业者的培养上，随着社会对农产品质量和环保要求的不断提高，越来越多的年轻人开始投身于农业领域，并且不断涌现出一批专业化的农业从业者。农业从业者具备专业知识和技术能力，根据市场需求和环保要求，科学地规划和管理农业生产，从而实现农业高质量发展。在农业生产过程的标准化和规范化上，在传统农业生产中，由于缺乏科学的管理和技术支持，往往存在着生产效率低下、资源浪费严重、环境污染等问题，而随着农业职业化和专业化的发展，农业生产过程的标准化和规范化逐渐深入发展。通过制定科学的生产标准和规范，农业从业者更好地控制生产过程，从而实现农业高质量发展。在农业生产的可持续发展上，在传统农业生产中，存在着过度使用资源、破坏生态环境等问题，导致农业生产的可持续性受到了严重的威胁，而随着农业职业化和专业化的发展，农业从业者更加注重生态环境保护和可持续发展，通过科学的生产方式和管理手段，实现农业生产的可持续发展。因此，不断推进绿色发展理念、高质量发展理念，中国农业将能够发展出更加可持续、高效率、高品质的农业产业，为保障人民的生活需求做出更大的贡献（图 2-4）。

图 2-4　江苏省南通市通州区圆宏万嘉智慧农场的技术员给番茄苗"盘头"
来源：人民网。

2.2 农业高质量发展的外延拓展：现代化与乡村振兴协同

外延即概念所确指对象的范围，中国农业高质量发展的外延包罗万象，不仅包括中国农业作为第一产业的发展定位，还包括中国农业在发展过程中的路径选择，以及中国农业未来发展趋势的全局判断。

2.2.1 走中国式农业现代化道路

农业现代化是从传统农业向具有世界先进水平的现代农业的转变过程，是用现代物质条件装备农业，用现代科学技术赋能农业，用现代产业体系提升农业，用现代经营形式改造农业，用现代发展理念引领农业，用培育高素质农民支撑农业，提高土地产出率、资源利用率和农业劳动生产率，提高农业质量效益和竞争力的过程①。农业现代化强调通过科学技术与管理创新，实现农业生产方式的现代化、农业产业结构的现代化、农村经济社会发展的现代化，提高农业生产效益和农民生活水平的发展过程。同时，其也旨在实现农业的高质量、高效益和可持续发展，促进农村经济的繁荣，推动城乡经济社会协调发展。农业现代化意味着从传统的耕作种植方式向科技化、机械化、标准化的现代生产方式转变，包括采用先进的农业机械设备和高效的农业生产工艺。农业高质量发展就是走农业现代化的必然，农业现代化的发展推动农业产业结构的升级和优化，引导农业向规模化、专业化、集约化转型，促进农业与农村经济的发展。农业现代化的发展，为开展农村人力资源培训和职业教育，提高农民的科技知识和管理能力，推动农民从传统的务农模式转变为现代农业经营管理的主体提供了重要发展机会。2022 年，中央农村工作会议提出："建设农业强国，基本要求是实现农业现代化。我们要建设的农业强国、实现的农业现代化，既有国外一般现代化农业强国的共同特征，更有基于自己国情的中国特色。所谓共同特征，就是要遵循农业现代化一般规律，建设供给保障强、科技装备强、经营体系强、产业韧性强、竞争能力强的农业强国。所谓中国特色，就是立足我国国情，立足人多地少的资源禀赋、农耕文明的历史底蕴、人与自然和谐共生的时代要求，走自己的路，不简单照搬国外现代化农业强国模式。"所以，中国式农业现代化道路就是走中国特色社会主义的农业高质量发展道路。

---

① 姜长云，李俊茹. 关于农业农村现代化内涵、外延的思考 [J]. 学术界，2021 (5)：14 - 23.

2.2.2　实现三种效益协调优化

实现三种效益协调优化是指经济效益、生态效益和社会效益协调优化，意味着农业的发展和农产品的生产不仅追求经济效益，还要注重生态保护和社会效益的实现。中国传统农业具有资源消耗过大、环境污染严重、农产品质量不稳定、过度依赖人工劳动等弊端，导致农民收入较少、生态环境破坏、粮食产品的不安全等经济、生态、社会问题出现。所以，中国农业高质量发展是对经济效益的追求、对生态效益的保障和对社会效益的贡献。农业的生产效益指通过提高农产品产量和质量，减少生产成本，增加农产品的附加值和市场竞争力，实现农民收入的增加和农业经济的可持续发展。当农业采用现代化的技术和管理手段时，农产品的生产效率、市场竞争力和经济效益得以提高。例如，运用先进的农业技术和设备，提高农作物的产量和质量，减少浪费和损失，降低生产成本，这将促使农民收入增加，农业经济贡献度提高。农业的生态效益主要是指采用环保的农业生产方式和措施，保护农田土壤、水源和生物多样性等生态环境。采取生态友好的农业措施，如有机农业、生态灌溉、绿色施肥等，有效地保护农业生态系统和生物多样性，为农业的可持续发展和环境保护作出贡献。农业的社会效益主要是指通过提供人民所需的安全、营养和多样化农产品，提高农民的生活质量，推动农村地区的社会经济发展。现代农业的发展能够有效满足人们对高品质、健康和多样化农产品的需求，提高人民的生活水平。同时，农业生产的发展也创造更多的就业机会和收入来源，带动农村经济的增长，促进城乡居民的互动和交流。这样，农业的社会效益不仅体现在农产品的供给和农民的收入增加上，还更加有助于减少农村贫困和实现社会的稳定和谐。这三个方面的相一致关系旨在实现农业的全面发展和可持续发展，也是农业高质量发展的重要体现。

2.2.3　推动一二三产业深度融合发展

以农业高质量发展推动第二、第三产业高质量发展，实现一二三产业真正融合发展。第一，农业高质量发展促进农产品加工业和食品产业的绿色转型，在农业高质量发展的同时，注重农产品加工技术和质量的改进，推动农产品向加工品、高附加值产品转化。这样一来，农产品加工业将提高绿色环保水平，采用先进的生产技术和环保设备，降低能耗和废弃物排放。同时，食品产业也会受益于农产品质量的提升，增加食品安全和可追溯性的要求，推动绿色食品的生产和消费。第二，农业高质量发展推动了农业科技与农业服务业的融合发展。随着农业现代化的推进，农业科技的应用逐渐成为提高农业生产效率和质量的关键，农业科技服务业在此过程中发挥重要推动作用，不仅提供农业科技成果的转化和推广，还提供技术支持和培训服务。农业高质量发展的推动，将促进农业科技和农业服务业的深度融合，提高农业生产的科技含量和服务水平。第三，农业高质量发展推动农村旅游、休闲农业和乡村经济的绿色转型。农业发展是农村经济的重要组成部分，而农村旅游和休闲农业等新兴产业的发展，不仅创造农民就业机会和增加收入，还促进农村地区的绿色转型。通过保护农田景观、开展农业观光和农事体验等活动，以及发展绿色饮食和生态旅游，农村地区可以实现农业与旅游业、休闲业的有机融合，推动乡村经济的绿色高质量发展。农业高质量发展为与第二、第三产业的有机融合发展提供了契机，也将推动一二三产业实现真正的融合发展（图2-5）。

图2-5　游客在北大荒集团闫家岗农场有限公司农业现代化示范区游览

来源：新华社。

注：该片稻田应用了5G核心网加上物联网、大数据、人工智能等技术，实现农业生产"感联智控"。

第 3 章
中国农业高质量发展的依据

中国农业自古以来就是国家经济发展的基础，农业的发展经历了漫长的时期，厘清中国农业高质量发展的历史依据、理论依据、现实依据是必不可少的。

3.1 历史依据：从传统农业到现代农业的演进历程

农业高质量发展是一个长期演进的过程。在古代，中国是一个以农业为生的国家，农业在国家经济中占据了重要地位。在公元前 3000 年左右，中国出现了早期的农业文明，人们开始使用磨制石器、木器等工具进行耕种和收割。随着时间的推移，人们逐渐掌握了农作物的种植技术，并开始发展出不同的农业模式，如稻作农业、旱作农业等。在近代，随着中国的开放和现代化进程的加速，农业也逐渐进入了一个转型期。在 19 世纪末至 20 世纪初，西方先进的农业技术和机械开始被引入中国，中国开始逐步推广西方先进的农业技术和机械，如拖拉机、收割机等，以提高农业生产效率。同时，政府也开始推动农村改革和土地制度改革，加强了对农业的管理和扶持。在抗日战争时期，为了保障国家粮食安全和军事供应，政府进一步加强了对农业的管理和扶持，推动了农业现代化的进程。在现代，中国农业已经进入了一个全新的发展阶段。随着中国经济的快速发展和城市化进程的加快，为了适应市场的需要和提高农业生产效率，中国政府提出了乡村振兴战略，加大了对农业的管理和扶持力度。当前中国农业大力推动传统农业向现代农业的转变，采用了先进的农业技术和机械，提高了农业生产效率和质量。同时，政府加大了对农业生态环境保护的监管和执法力度，促进农业的可持续发展，注重农业生产的质量和可持续性，农业逐渐向绿色、高效的方向发展。在现代农业的发展过程中，数字化和智能化技术的应用成为推动农业高质量发展的重要力量。通过大数据、人工智能和物联网技术的结合，农业生产实现了精准化管理。例如，智能灌溉系统可以根据土壤湿度和气象数据自动调节水量，减少水资源浪费；无人机技术的应用使得农田监测和病虫害防治更加高效。这些技术的普及不仅提高了农业生产效率，还为农业的可持续发展提供了新的路径。

3.1.1 中国农业发展历程

中国早期农业的发展是中国古代文明的基石之一，为数千年来的社会、经济和文化进步奠定了坚实的基础。从远古时期到古代帝国时代，中国的农业经历了漫长的演变和创新，塑造了中国独特的农业传统和农村生活方式。

第一，古代农业时期。中国农业发生于新石器时代，在这个时期，原始部落开始了采集与狩猎为主的生活方式向农业的过渡，开始种植一些野生植物，如稻谷和小麦，以及驯化一些野生动物，如猪、鸡和水牛。这个过程被称为"农业革命"，因为它彻底改变了人类社会的生产方式。原始农业时代的农业生产非常原始和粗糙，农民使用简单的工具，如木制犁和锄头，手工种植和收割庄稼。农业的发展在早期中国的部落社会中起到了关键作用，促使人们在固定的定居点建立农村社区，而不再过着游牧的生活。在耜耕时代，人们开始使用耜这种农具进行耕种，主要种植粟等作物。同时，人们也开始饲养猪、狗等动物，以提供肉类和皮毛等生活必需品。在青铜器时代，随着青铜器的出现，农业生产工具得到了极大的改进，如犁、锄等。同时，人们开始种植更多的作物，如稻、麦等。此外，水利工程也得到了进一步的发展，如灌溉渠、水库等。在铁犁牛耕时代，这个时期是古代农业的黄金时代。人们开始使用铁犁进行耕种，大大提高了农业生产效率。同时，牛耕的使用也使得土地得以深耕细作，提高了土地的利用率和产出量。在这个时期，精耕细作的农业模式逐渐形成，如种稻、植桑、育苗等。这一时期农业的主要特征是，劳动方式简单、生产工具落后、生产力水平低、农业生产主要依赖天候、农作物种植单一。

第二，近代农业时期。近代农业指手工工具和畜力农具向机械化农具转变、由劳动者直接经验向近代科学技术转变、由自给自足的生产向商品化生产转变的农业。近代农业时期，中国正处于半殖民地半封建社会，农业生产方式落后，农民生活困苦。在农业生产方式上，中国开始引进西方的农业技术和管理经验，农业合作社得到了发展，农民开始组织起来集体经营。伴随着科技进步和社会经济的转变，农业生产方式从人力畜力逐渐转变为机械化和自动化。新的生产工具和技术，如拖拉机、化肥、农药、灌溉系统等，极大地提高了农业生产效率。随着工业化进程的推进，农业逐渐从传统的以家庭为单位的小农经济向大规模的工业化生产转变。农业生产过程逐渐标准化、流程化，农业生产效率大大提高。20世纪中叶，一些国家开始进行绿色革命，旨在通过生物技术的使用，提高农作物的抗病、抗虫、抗旱等能力，同时减少化肥和农药的使用。这一变革极大地提高了农业生产效率，但也引发了一些环境和社会问题。这一时期的主要特征：一是农业工具的改进。在近代，中国的农业生产开始使用畜力牵引的半机械化农具，如脱谷机、拖拉机等。这表明中国的农业生产逐渐从传统的人力耕作向现代机械化生产转变。二是科学技术的运用。随着自然科学成果在农业领域的广泛运用，土壤改良、育种、栽培、饲养、植物保护等生产活动开始由凭借直接经验转向依靠科学指导。这标志着农业生产开始注重科学性和技术性。三是社会分工的发展。农业生产的社会分工发展，传统的自然经济逐渐被打破，从事商品生产的农业企业逐步成为主要的农业经营形式。这种趋势使得农业生产更加专业化，提高了生产效率和产品质量。四是农业产业结构的转变。在近代，中国的农业产业结构发生了重大变化。传统的单一粮食生产结构逐渐向多元生产结构转变，农业生产的市场化进程加快。这使得农业生产的多样性增加，满足了人们日益多样化的需求。五是对资本和技术的依赖程度增加。随着近代工业的发展，农业对资本和技术的依赖程度越来越高，这主要体现在农业生产过程中对机械设备、化肥、农药等现代生产资料的运用上。六是农业劳动力的变化。社会经济不断发展，农村人力资源开发滞后，农业劳动力就业结构发生了根本性变化，这使得农村的富余劳动力问题凸显，需要通过政策引导和培训等方式来解决。七是农业与国际市场的联系增加。随着对外开放政策的实施，中国的农业也逐渐融入国际市场。农业发展对外部市场的依赖程度增加，同时面临着国际市场的竞争压力。

第三，现代农业时期。现代农业指广泛应用现代科学技术、现代工业提供的生产资料和现代生产管理方法的社会化农业。在农业生产能力方面，随着科学技术的不断进步，现代农业的生产能力得到了极大的提高，通过引进先进的种植技术、养殖技术以及农业机械等，农业生产效率得到了显著提升。同时，随着农业产业化的发展，农业产业链不断延伸，形成了产前、产中、产后一体化的格局，从而进一步提高了农业生产能力。在农业技术创新方面，现代农业的发展离不开科学技术的支持，技术创新是推动现代农业发展的重要动力。通过应用先进的育种技术、生物技术、信息技术等，不断培育出抗病抗虫、优质高产的农作物新品种，为农业生产提供更好的基础。在农业产业结构方面，随着经济的发展和市场需求的变化，农业产业结构也在不断调整和优化。在传统的种植业基础上，现代农业还发展了林业、畜牧业、渔业等产业，形成了多元化的农业产业结构。同时，随着人们食品安全和环保意识的提高，有机农业、绿色农业等新型农业模式也逐渐兴起。在农业经济效益方面，随着现代农业的发展，农民的收入水平得到了显著提高，通过参与农业产业化经营，农民获得更多的收益渠道，如销售农产品、提供劳务等。同时，政府采取了一系列扶持政策，如补贴、税收减免等，进一步提高了农民的收益水平。在生态环境保护方面，现代农业的发展不仅注重经济效益，还注重生态环境保护，推广生态农业、有机农业等新型农业模式，减少化肥、农药等化学物质的使用量，从而减少对环境的污染。同时，政府也加大了对农业生态环境的保护力度，通过实施土地保护、水资源保护等措施，保障现代农业的可持续发展。农业在这一时期的特征：一是科学技术化，现代农业已经不再是单纯的经验积累和手工劳动，而是更加注重科学技术的运用和创新。现代生物技术、信息技术、新材料技术等都已经广泛应用到农业生产中，极大地提高了生产效率和产品质量。二是生产经营专业化，现代农业不再是简单的自给自足生产，而是更加注重专业化生产和经营，这使得农业生产更加注重市场需求和经济效益，也促进了农业生产的多样化和特色化。三是管理服务智能化，现代农业更加注重智能化、信息化管理服务。物联网技术、大数据技术等都已经广泛应用到农业生产中，极大地提高了管理效率和产品质量。四是资源利用高效化，现代农业更加注重资源的节约和高效利用。例如，现代农业更加注重水土保持和生态建设，也更加注重对废弃物的回收和利用。五是市场需求多元化，现代农业在满足人们的基本生活需求的基础上，更加注重市场需求的多元化和个性化，这使得农业生产更加注重品质和特色，也促进了农业生产的多样化和创新性。

21世纪以来，中国农业加速向智慧化纵深演进。北斗导航系统与农机装备深度融合，推动大田作业实现厘米级精度的标准化操作；农业物联网技术在高标准农田建设中系统性应用，建立起全过程资源调控体系。生物技术创新持续突破物种改良边界，抗虫作物品种显著降低化学农药依赖，耐逆性作物推动边际土地产能实现突破性增长。值得关注的是，数字革命正在重塑农业社会分工形态：智能服务平台培育出远程植保诊断等新兴技术岗位，电子商务生态重构农产品流通价值链，现代农业管理体系催生复合型农业经营主体。这些变革印证了"生产力决定生产关系"的历史规律，也展现出农业现代化进程中科技创新与社会结构协同演进的发展路径。

中国农业高质量发展的历史密码在于三重辩证统一：精耕细作传统与现代农业科技的融合创新，小农经济韧性与规模化经营的协同发展，生态伦理智慧与可持续发展理念的时空对话。当前面临的种源"卡脖子"、耕地保护等挑战，恰恰需要从历史经验中寻找破题密钥——既要发扬"寸土不让"的耕地保护传统，更需激活"敢为天下先"的育种创新基因。只有将农耕文明精髓注入现代农业体系，方能在全球粮食安全变局中走出独具特色的中国道路。

3.1.2　党对农业发展的科学判断

从中国共产党成立到2012年进入中国特色社会主义新时期，中国共产党的历届全国代表大会对农民问题、农民运动、土地问题做出决议，完成农业在生产资料所有制方面的社会主义改造。

1956 年，党的八大报告指出，发展农业生产要注意两个问题，一个是提高农作物的单位面积产量问题，另一个是发展多种农业经济问题。1973 年，党的十大报告指出，要继续执行"以农业为基础、工业为主导"的方针和一系列两条腿走路的政策，独立自主，自力更生，艰苦奋斗，勤俭建国。1977 年，党的十一大报告明确指出，农业要基本实现机械化，农林牧副渔五业都要有较大增长，进一步巩固和发展人民公社集体经济。1982 年，党的十二大报告指出："今后必须在坚决控制人口增长、坚决保护各种农业资源、保持生态平衡的同时，加强农业基本建设，改善农业生产条件，实行科学种田，在有限的耕地上生产出更多的粮食和经济作物，并且全面发展林、牧、副、渔各业，以满足工业发展和人民生活提高的需要。"1987 年，党的十三大报告指出："坚持把农业放在十分重要的战略地位，全面发展农村经济……农业的稳定增长和农村产业结构的改善，是整个国民经济长期稳定发展的基础……我们又必须继续合理调整城乡经济布局和农村产业结构，积极发展多种经营和乡镇企业，并且把它同支持和促进粮食生产很好地结合起来，保持农村经济的全面发展和农民收入的持续增长……地方财力要更多地用于农业，以加强农田水利基本建设，防治水旱灾害，改善农业的基础条件……要大力增加化肥、塑料薄膜、农药、柴油和农业机械等农用物资的生产和供应，加强对农业的物质支援。要加强农业科学技术研究，积极运用科技成果，努力培育和推广优良品种。"1992 年，党的十四大报告指出："农业是国民经济的基础，必须坚持把加强农业放在首位，全面振兴农村经济。树立大农业观念，保持粮食、棉花稳定增产，继续调整农业内部结构，积极发展农、林、牧、副、渔各业，努力开发高产优质高效农业。坚持依靠科技、教育兴农，多形式、多渠道增加农业投入，坚持不懈地开展农田水利建设，不断提高农业的集约经营水平和综合生产能力……积极发展多种形式的农业社会化服务体系。从各地实际出发，逐步壮大集体经济实力。抓紧进行农产品价格和农村流通体制的改革，继续强化市场在农村经济中的调节作用。"1997 年，党的十五大报告指出："加强农业基础地位，调整和优化经济结构……坚持把农业放在经济工作的首位，稳定党在农村的基本政策，深化农村改革，确保农业和农村经济发展、农民收入增加。要多渠道增加投入，加强农业基础设施建设，不断改善生产条件。大力推进科教兴农，发展高产、优质、高效农业和节水农业。积极发展农业产业化经营，形成生产、加工、销售有机结合和相互促进的机制，推进农业向商品化、专业化、现代化转变……建立健全农业社会化服务体系、农产品市场体系和国家对农业的支持、保护体系。"2002 年，党的十六大报告指出："建设现代农业，发展农村经济，增加农民收入，是全面建设小康社会的重大任务。加强农业基础地位，推进农业和农村经济结构调整，保护和提高粮食综合生产能力，健全农产品质量安全体系，增强农业的市场竞争力。积极推进农业产业化经营，提高农民进入市场的组织化程度和农业综合效益。发展农产品加工业，壮大县域经济。开拓农村市场，搞活农产品流通，健全农产品市场体系。"2007 年，党的十七大报告指出："解决好农业、农村、农民问题，事关全面建设小康社会大局，必须始终作为全党工作的重中之重。要加强农业基础地位，走中国特色农业现代化道路，建立以工促农、以城带乡长效机制，形成城乡经济社会发展一体化新格局。坚持把发展现代农业、繁荣农村经济作为首要任务，加强农村基础设施建设，健全农村市场和农业服务体系。加大支农惠农政策力度，严格保护耕地，增加农业投入，促进农业科技进步，增强农业综合生产能力，确保国家粮食安全。"2015 年中央农村工作会议首次提出农业供给侧结构性改革，强调以提高农业供给质量为主攻方向，优化农业产业体系、生产体系、经营体系，提高土地产出率、资源利用率、劳动生产率。党的十八大以来，生态文明建设纳入"五位一体"总体布局，农业绿色发展理念深入人心。2017 年，党的十九大报告首次提出实施乡村振兴战略，将其作为新时代"三农"工作的总抓手。报告强调"农业农村优先发展"，要求构建现代农业产业体系、生产体系、经营体系，完善农业支持保护制度，发展多种形式适度规模经营，培育新型农业经营主体，健全农业社会化服务体系。这一战略部署标志着党对农业发展规律的认识达到新高度。"十四五"规划纲要提出"加快发展智慧农业，推进农业生产经营和管理服务数字化改造"；2022 年全国农产品网络零售额突破 5 000 亿元。数字农业发展战略布局顺应新一轮科技革命趋势，推动传统农业向智慧农业跨越发展。在经济社会的不断发展中，党对农业发展在不同时期作出了不同的指示，推动农业不断发展。

3.1.3　国家对农业发展的方针政策

在中国改革开放初期，中国农村的包产到户、包干到户席卷中华大地，在当时还处于"人民公社"和"不准搞承包"的体制下，这种农业生产责任制到底是姓"资"还是姓"社"引起了争论。中央为此召开了多次农村工作会议，在 1982 年 1 月 1 日颁布的第一个《全国农村工作会议纪要》的中央一号文件指出，党中央在作出关于加快农业发展的决定以后，又就提高农产品收购价格、健全农业生产责任制、发展多种经营等问题，采取一系列的政策措施，进行了农村经济的调整和改革，从而激发了亿万农民的生产积极性，促进了农村经济的蓬勃发展。目前广大农民在实践中又提出了一些新的问题。这些问题必须及时有效地加以解决，才能进一步发动群众，发展大好形势，有力地推动农业生产全面持续的增长。1983 年，国家印发的《当前农村经济政策的若干问题》指出，稳定和完善农业生产责任制，仍然是当前农村工作的主要任务；我国农业的技术改造应有自己的特色，一方面必须注意发扬传统农业所具有的精耕细作、节能低耗、维持生态平衡等优点，另一方面，要在农村生产和建设的各个方面吸收现代技术和先进管理方法；建设具有中国特色的社会主义农业。1984 年，中共中央《关于 1984 年农村工作的通知》指出，今后农村工作的重点是：在稳定和完善生产责任制的基础上，提高生产力水平，疏通流通渠道，发展商品生产。农业生产责任制的普遍实行，带来了生产力的解放和商品生产的发展。继续稳定和完善联产承包责任制，帮助农民在家庭经营的基础上扩大生产规模，提高经济效益；自留地、承包地均不准买卖，不准出租，不准转作宅基地和其他非农业用地；加强社会服务，促进农村商品生产的发展。1985 年，中共中央、国务院颁布了《关于进一步活跃农村经济的十项政策》，取消了 30 年来农副产品统购派购的制度，对粮、棉等少数重要产品采取国家计划合同收购的新政策。同时，作出了要大力帮助农村调整产业结构，以一定的财力物力支持粮棉集中产区发展农产品加工业，调整产业结构的决定。1986 年，中共中央、国务院发布的《关于 1986 年农村工作的部署》指出，进一步摆正农业在国民经济中的地位，发展国民经济以农业为基础，不但反映经济规律，也反映着自然规律，必须坚定不移地把它作为一个长期的战略方针。我国是十亿人口、八亿农民的大国，绝不能由于农业情况有了好转就放松农业，也不能因为农业基础建设周期长、见效慢而忽视对农业的投资，更不能因为农业占国民经济产值的比重逐步下降而否定农业的基础地位。作为发展中国家，我们在工业化过程中，必须力求避免出现农业停滞的现象。2004 年，中共中央、国务院发布的《关于促进农民增加收入若干政策的意见》指出，按照统筹城乡经济社会发展的要求，坚持"多予、少取、放活"的方针，调整农业结构，扩大农民就业，加快科技进步，深化农村改革，增加农业投入，强化对农业支持保护，力争实现农民收入较快增长，尽快扭转城乡居民收入差距不断扩大的趋势。其中，意见明确指出要继续推进农业结构调整，挖掘农业内部增收潜力，全面提高农产品质量安全水平，加快发展农业产业化经营，加强农业科研和技术推广。2005 年，《中共中央　国务院关于进一步加强农村工作提高农业综合生产能力若干政策的意见》指出，坚持统筹城乡发展的方略，坚持"多予少取放活"的方针，稳定、完善和强化各项支农政策，切实加强农业综合生产能力建设，继续调整农业和农村经济结构，进一步深化农村改革，努力实现粮食稳定增产、农民持续增收，促进农村经济社会全面发展。要把加强农业基础设施建设，加快农业科技进步，提高农业综合生产能力，作为一项重大而紧迫的战略任务，切实抓紧抓好。2006 年，中共中央、国务院发布的《中共中央　国务院关于推进社会主义新农村建设的若干意见》指出，推进现代农业建设，强化社会主义新农村建设的产业支撑。大力提高农业科技创新和转化能力。加强农村现代流通体系建设，积极推进农产品批发市场升级改造，促进入市农产品质量等级化、包装规格化。稳定发展粮食生产，确保国家粮食安全是保持国民经济平稳较快增长和社会稳定的重要基础。积极推进农业结构调整，按照高产、优质、高效、生态、安全的要求，调整优化农业结构。加快建设优势农产品产业带，积极发展特色农业、绿色食品和生态农业，保护农产品知名品牌，培育壮大主导产业。发展农业产业化经营。要着力培育一批竞争力、带动力强的龙头企业和产业集群示范基地，推广龙头企业、合作组织与农户有机结合的组织形式，让农民从产业化经营中得到更多的实惠。加快发展循环农业。要大力开发节约资源和保护环境的农业技术，重点推广废弃物综合利用技术、相关产业链接技术和可再生能源开发利用技术。2007 年，《中共中央 国务院关于积极发展现代农业扎实推进社会主义新农村建设的若干意见》颁布并指出，发展现代农业是社会主义新农村建设的首要任务，要用现代物质条件装备农业，用现代科学技术改造农业，用现代产业体系提升农业，用现代经营形式推进农业，用现代发展理念引领农业，用培养新型农民发展农业，提高农业水利化、机械化和信息化水平，提高土地产出率、资源利用率和农业劳动生产率，提高农业素质、效益和竞争力。2008 年，《中共中央 国务院关于切实加强农业基础建设进一步促进农业发展农民增收的若干意见》颁布并指出，推动科学发展，促进社会和谐，夺取全面建设小康社会新胜利，必须加强农业基础地位，走中国特色农业现代化道路。加快构建强化农业基础的长效机制，切实保障主要农产品基本供给，突出抓好农业基础设施建设，着力强化农业科技和服务体系基本支撑。2009 年，《中共中央 国务院关于 2009 年促进农业稳定发展农民持续增收的若干意见》颁布并提出，扩大国内需求，最大潜力在农村；实现经济平稳较快发展，基础支撑在农业；保障和改善民生，重点难点在农民。要加大对农业的支持保护力度，稳定发展农业生产，强化现代农业物质支撑和服务体系。2010 年，《中共中央 国务院关于加大统筹城乡发展力度进一步夯实农业农村发展基础的若干意见》指出，把发展现代农业作为转变经济发展方式的重大任务。提高现代农业装备水平，促进农业发展方式转变，稳定发展粮食等大宗农产品生产，推进菜篮子产品标准化生产，突出抓好水利基础设施建设，大力建设高标准农田，提高农业科技创新和推广能力，健全农产品市场体系，加强农业面源污染治理，发展循环农业和生态农业。2011 年，中央一号文件《中共中央 国务院关于加快水利改革发展的决定》指出，突出加强农田水利等薄弱环节建设。2012 年，《中共中央 国务院关于加快推进农业科技创新持续增强农产品供给保障能力的若干意见》，首次将农业科技创新作为主题，提出"农业科技是确保国家粮食安全的基础支撑,是突破资源环境约束的必然选择"。2016 年,《中共中央 国务院关于落实发展新理念加快农业现代化实现全面小康目标的若干意见》,首次将"农业供给侧结构性改革"写入中央一号文件,提出"去库存、降成本、补短板",强调农业供给侧结构性改革是"三农"领域的一场深刻变革,要求用发展新理念破解"三农"新难题。2018 年,《中共中央 国务院关于实施乡村振兴战略的意见》,首次提出乡村振兴战略,强调"产业兴旺、生态宜居、乡风文明、治理有效、生活富裕",将乡村振兴战略作为新时代"三农"工作总抓手,要求建立健全城乡融合发展体制机制和政策体系。2023 年,《中共中央 国务院关于做好 2023 年全面推进乡村振兴重点工作的意见》提出"加快建设农业强国",强调"保障粮食和重要农产品稳定安全供给",明确建设农业强国是社会主义现代化强国的根基,要求把加快建设农业强国摆在优先位置。2025 年,《中共中央 国务院关于进一步深化农村改革扎实推进乡村全面振兴的意见》首次提出农业新质生产力。文件指出,以科技创新引领先进生产要素集聚,因地制宜发展农业新质生产力。这是当前抓好"三农"工作的关键之举,也是我国实现从农业大国迈向农业强国的必答题。

从改革开放初期到中国特色社会主义进入新时期,中央一号文件对我国农业的发展都作出了针对不同时期的不同发展策略,每一个时期都有其发展的重点。国家对农业发展的方针政策,体现了农业在我国经济发展中的重要地位,也从政策内容的变化看出,我国农业的发展正在逐渐走向现代农业。

3.2 理论依据:马克思主义发展理论与农业现代化理论支撑

中国农业不断发展,现阶段已步入高质量发展的轨道上,是中国农业发展的必然趋势,也是借鉴世界优质发展路径的结果,中国农业高质量发展的战略,不是想当然的、无理论依据的,而是有着牢固的理论基础的农业高质量发展战略。

马克思主义是具有实践形态的革命理论,也是继承人类优秀传统文化、具有先进文化形态的科学理论。"马克思主义是中国共产党立党之本,中国民主革命胜利之基,中国社会主义建设成就之源,中国改革开放和现代化建设之罗盘。中国从站起来、富起来到强起来的进程中,贯穿一条理论红线,就是坚持马克思主义和马克思主义中国化[①]。"中国农业的发展是在坚持马克思主义理

---

① 陈先达. 马克思主义的本质特性和当代价值 [J]. 学习月刊,2020 (3):15-18.

论的基础上，结合自身实际情况不断发展的，中国农业高质量发展是以马克思主义理论为理论依据的。

3.2.1 马克思主义农业理论

在马克思、恩格斯的相关经典著作中可以找到大量关于农业的论述，主要有农业基础论、农业剩余劳动力转移思想、农业合作社思想等。这些思想是马克思主义农业理论的重要组成部分，也是中国农业高质量发展理论依据的重要组成部分。

农业基础论是马克思、恩格斯在对 18 世纪重农学派的思想进行批判和继承的基础上形成的农业理论，在马克思、恩格斯的著作中，有大量关于农业基础地位、大农业取代小农经济、工业反哺农业的相关论述。一是认为农业是人类生存和社会生产的基础。马克思和恩格斯从人类生存和社会生产两个方面来论述农业的基础地位，人类首先要解决吃穿住的问题，所以农业首先是人类生存的基础。在国民经济中，农业为其他生产部门提供了必要的物质资料，所以农业是其他部门得以生存的基础。马克思指出："农业劳动（这里包括单纯采集、狩猎、捕鱼、畜牧等劳动）的这种自然生产率，是一切剩余劳动的基础；而一切劳动首先并且最初是以占有和生产食物为目的[①]。"这就是认为，食物是人类一切劳动的最初目的，人们为了解决食物的需求，而开始进行农业劳动。同时，马克思认为："为了生活，首先就需要吃喝住穿以及其他一切东西。因此第一个历史活动就是生产满足这些需要的资料[②]。"因此，农业是解决人类吃穿住这一基本生存问题的最初形式的生产劳动，正是因为农业生产为人类的生存提供了物质资料，解决了人类最基本的生存需要，才使农业成了人类得以存在的前提条件。马克思、恩格斯认为一个社会农业劳动生产率的提高，是人们能够进行其他物质生产和精神生产的前提。在人类社会发展的初级阶段，农业劳动和工业劳动还未形成分工，是由于生产率低下，在随着生产率的提高后，农业劳动生产出了剩余产品，商业、工业等产业部门开始逐渐独立出现，农业也就成了这些部门独立存在的基础。马克思指出："最文明的民族也同最不开化的野蛮人一样，必须先保证自己有食物，然后才能考虑去获取别的东西[③]。""农业劳动是其他一切劳动得以独立存在的自然基础和前提[④]。"所以，只有发展农业，并提高农业生产率，才能为其他的经济部门奠定生存基础。二

---

① 马克思，恩格斯. 马克思恩格斯文集：第 7 卷［M］. 北京：人民出版社，2009.
② 马克思，恩格斯. 马克思恩格斯文集：第 1 卷［M］. 北京：人民出版社，2009.
③ 马克思，恩格斯. 马克思恩格斯全集：第 12 卷［M］. 北京：人民出版社，1998.
④ 马克思，恩格斯. 马克思恩格斯全集：第 33 卷［M］. 北京：人民出版社，2004.

是现代大农业取代小农经济的思想。马克思、恩格斯认为，小农经济是一种小生产经济，在资本主义制度或者社会主义制度下，小农经济都是一种落后的经济形式。因此，要改造小农经济，发展大农业经济，提高农业生产率，实现农业现代化。马克思指出："在经济学上，所谓集约化耕作，无非是指资本集中在同一块土地上，而不是分散在若干毗连的土地上①。""现存的大地产将给我们提供一个良好的机会，让联合的劳动者来经营大规模的农业，只有在这种巨大的规模下，才能利用一切现代工具、机器等等，从而使小农明显地看到通过联合进行大规模经营的优越性②。"将集约化看作将资本等要素集中到一块土地进行农业生产的过程，而农业集约化规模经营是一切现代工具和机器的前提。随着机器和现代工具在农业中的运用，大规模经营成了不可逆转的趋势。马克思认为："甚至在农业中，机器和蒸汽也越来越占统治地位，他们正缓慢地但却一贯地使那些靠雇佣工人耕作大片土地的大资本家来代替小自耕农②。"因此，农业集约化经营是一个必然趋势，要实现农业现代化，必须走农业集约化经营的道路，并广泛地将现代工具、科技应用于农业，提高农业生产率。三是工业反哺农业的思想。马克思、恩格斯站在时代前沿，指出了工业反哺农业是社会经济发展的必然要求。农业的基础地位决定了工业必须反哺农业，马克思认为："农业劳动是其他一切劳动得以独立存在的自然前提和基础③。"没有农业的存在和发展，就不会有工业和其他生产部门的存在和发展，工业对农业的反哺是必要的，也是实现现代化和城乡一体化的需要。同时，马克思、恩格斯还强调了工业反哺农业的重点是提高农业生产率和不能忽视农业生产要素的重要性。马克思、恩格斯对工业和城市的资本、技术、劳动力等生产要素向农村流动的趋势进行了这样的论述："城市中利润的降低，促使资本流入农村，这就造成了农业劳动的新的需求，从而提高农业劳动的工资。那时资本就可以说是遍布于地表面，并在农业中找到用途，于是原来在很大程度上是靠农村积累起来的城市资本又部分地回到了农村④。"因此，资本向农村的流动是一种必然的现象。

农业剩余劳动力转移，始终是马克思、恩格斯重点关注的问题，马克思、恩格斯指出社会的分工和机器大工业的发展是农业剩余劳动力转移的原因，并指出了资本主义生产方式和现代工业的发展决定了农业剩余劳动力的转移及其转移的方向。马克思、恩格斯认为："首先引起工商业劳动同农业劳动的分离，

① 马克思，恩格斯.马克思恩格斯文集：第 7 卷［M］.北京：人民出版社，2009.
② 马克思，恩格斯.马克思恩格斯文集：第 3 卷［M］.北京：人民出版社，2009.
③ 马克思，恩格斯.马克思恩格斯全集：第 33 卷［M］.北京：人民出版社，2004.
④ 马克思，恩格斯.马克思恩格斯全集：第 34 卷［M］.北京：人民出版社，2008.

从而也引起城乡的分离和城乡利益的对立①。"这为农业剩余劳动力向城市转移创造了条件。同时认为："农业人口这种现代社会中最稳定最保守的因素正在消失，同时工业无产阶级正是由于现代生产的作用，在大城市中围绕着巨大的生产力聚集起来②。"因此，城市在与乡村分离的同时，发挥其聚集作用将农业剩余人口吸引进了城市。马克思、恩格斯认为："人口不断地流往城市，农村人口由于租地集中、耕地转化为牧场、采用机器等原因而不断地'变得过剩'③。"这就是由于机器让农村人口变得多余了。"尽管农业工人的人数不断减少，他们的产品的数量不断增加，但他们还是不断地'变得过剩'，这就是使他们成为需要救济的贫民的摇篮③。"在这种现象变得更加严重时，"许多工人不得不到村镇和城市里去寻找栖身之所③"。所以，机器大工业的快速发展是农业剩余劳动力转移的主要原因。马克思、恩格斯指出："对资本主义生产来说，人口自然增长所提供的可供支配的劳动力数量是绝对不够的。为了能够自由地活动，它需要一支不以这种自然限制为转移的产业后备军③。"将农业过剩人口作为产业后备军，"过剩的工人人口是积累或资本主义积累基础上的财富发展的必然产物，但是这种过剩人口反过来又成为资本主义积累的杠杆，甚至成为资本主义生产方式存在的一个条件③"。因此，资本主义生产方式的存在和发展需要来自农业的剩余劳动力。

马克思、恩格斯的农业合作理论，建立在深刻认识小农经济局限性基础之上。马克思认为："这块土地既不大于它以全家的力量通常所能耕种的限度，也不小于足以让他养家糊口的限度④。"马克思指出："他们的生产方式不是使他们互相交往，而是使他们相互隔离⑤。"马克思从生产方式层面揭示了小农经济不可避免走向灭亡的缘由，也指出这种隔离切断了小农社会关系丰富和发展的可能，导致其社会地位变得十分脆弱。恩格斯指出："资本主义生产形式的发展，割断了农业小生产的命脉；这种小生产正在无法挽救地走向灭亡和衰落④。"这表明小农经济的生产方式难以同资本主义大生产抗衡，并且缺乏了竞争性。马克思、恩格斯认为，改造小农的主要形式和引导小农走社会主义道路的有效形式都是农业合作社。在资本主义社会化大生产的背景下，粮食在市场竞争中变得更加廉价了，而小农这种落后的生产方式耕种出来的粮食，其成本就高于了市场价，更别说卖价，所以只有"把各个农户联合为合作社④"，才能形成规模经济，让小农获得更多利润。恩格斯设想通过农业示范合作社，

① 马克思，恩格斯. 马克思恩格斯文集：第1卷［M］. 北京：人民出版社，2009.
② 马克思，恩格斯. 马克思恩格斯全集：第11卷［M］. 北京：人民出版社，1995.
③ 马克思，恩格斯. 马克思恩格斯文集：第5卷［M］. 北京：人民出版社，2009.
④ 马克思，恩格斯. 马克思恩格斯选集：第4卷［M］. 北京：人民出版社，2012.
⑤ 马克思，恩格斯. 马克思恩格斯选集：第1卷［M］. 北京：人民出版社，2012.

让观望和犹豫的大中小农意识到农业合作生产的优越性，并积极自愿地参与到合作社的生产实践中来。1886 年，恩格斯在给倍倍尔的信中强调："在向完全的共产主义经济过渡时，我们必须大规模地采用合作生产作为中间环节，这一点马克思和我从来没有怀疑过[①]。"这意味着，马克思、恩格斯把合作生产当作共产党人实现共产主义目标的重要过渡环节和有效形式。基于上述内容，马克思、恩格斯指出了改造小农的四大原则：第一，坚持自愿原则，不采取暴力手段剥夺小农。恩格斯直接指出，"当我们掌握了国家政权的时候，我们决不会考虑用暴力去剥夺小农[①]"，"违反小农的意志，任何持久的变革在法国都是不可能的[①]"。因此，要给小农自愿的权利。第二，改造小农的私有制。马克思和恩格斯在《共产党宣言》中指出，"共产党人可以把自己的理论概括为一句话：消灭私有制[②]"。第三，"按入股土地、预付资本和劳动力的比例分配收入[③]"。这在消灭剥削的过渡时期，是小农最能接受的分配方式。第四，国家帮助原则。"由国家银行接收合作社的一切抵押债务并降低利率，从社会资金中抽拨贷款来建立大规模生产及其他各种便利[①]。"恩格斯认为这是一项极好的投资。"因为这种物质的牺牲可能使花在整个社会改造上的费用节省十分之九[③]。"给予农民一定的国家帮助，对社会改造能起到重要作用。

马克思、恩格斯关于农业的思想主要集中反映在农业基础论、农业剩余劳动力转移思想、农业合作社思想方面，强调农业集约化、合作化发展，放到当今的中国农业发展上来看，农业现代化的趋势不可逆转。中国农业的高质量发展不仅是对马克思主义农业理论的继承，更是对其的创新和发展。首先，中国农业的规模化与集约化经营是马克思主义农业理论的具体实践。马克思和恩格斯在论述大农业取代小农经济时，强调了规模化经营的重要性。近年来，中国通过土地流转、农业合作社和家庭农场等模式，逐步实现了农业的规模化与集约化。例如，截至 2022 年，中国土地流转面积已超过 5 亿亩，农业合作社数量超过 220 万家。这些举措不仅提高了农业生产效率，还促进了农业现代化进程。与此同时，中国政府通过政策支持和资金投入，推动农业机械化、智能化和信息化，进一步提升了农业生产的集约化水平。其次，中国农业的绿色发展理念与马克思主义农业理论高度契合。马克思和恩格斯在论述农业基础地位时，强调了农业与自然环境的密切关系。中国在推进农业现代化的过程中，始终坚持绿色发展理念，注重生态环境保护。例如，中国实施的"化肥农药零增长行动"和"耕地轮作休耕制度"有效减少了农业面源污染，保护了土壤和水

---

① 马克思，恩格斯. 马克思恩格斯选集：第 4 卷［M］. 北京：人民出版社，2012.
② 马克思，恩格斯. 马克思恩格斯选集：第 1 卷［M］. 北京：人民出版社，2012.
③ 列宁. 列宁选集：第 3 卷［M］. 北京：人民出版社，1960.

资源。此外，中国还大力发展生态农业和有机农业，推动农业与生态环境的协调发展。这些举措不仅体现了马克思主义农业理论的生态观，还为全球农业可持续发展提供了中国方案。最后，中国农业的城乡融合发展是马克思主义农业理论的又一重要实践。马克思和恩格斯在论述工业反哺农业时，强调了城乡一体化的重要性。近年来，中国通过实施乡村振兴战略，推动城乡要素双向流动，促进了城乡融合发展。例如，中国通过农村土地制度改革、农村金融创新和农村基础设施建设，吸引了大量资本、技术和人才流向农村，推动了农业现代化和农村经济发展。与此同时，中国还通过发展农村电商、乡村旅游等新业态，拓宽了农民增收渠道，缩小了城乡差别。这些举措不仅体现了马克思主义农业理论的城乡一体化思想，还为全球城乡融合发展提供了有益借鉴。随着经济社会的发展，农业高质量发展更加强调品质、可持续性、安全性，这也是农业现代化发展的核心内容及重要目标。

3.2.2　马克思主义生态理论

人与自然的关系是哲学永恒的主题。马克思、恩格斯把物质与意识的关系问题，放在生态领域演变为人与自然的关系问题，在人与自然关系问题上坚持唯物主义辩证法，诠释人与自然关系的价值取向。

马克思、恩格斯批判继承先辈们的哲学思想，提出了科学的生态哲学思想，坚持人与自然的辩证统一关系。马克思、恩格斯坚持生态本体论，并以承认先在自然为前提，将哲学的基本问题放在人与自然关系问题的研究中，形成了唯物主义生态本体论观点。马克思在《1844 年经济学哲学手稿》中指出"人直接地是自然存在物[1]"，明确肯定自然是最先存在的，坚持了唯物主义生态本体论。恩格斯在《反杜林论》中指出"人本是自然界的产物，是在自己所处的环境中并且和这个环境一起发展起来的[2]"。因此，人产生于自然，人的实践活动可以改造自然，人随着自然的发展而发展，自然也随着人的发展而发展。马克思认为"哲学家们只是用不同的方式解释世界，而问题在于改变世界[3]"。人能够通过实践活动改变自然、社会以及包括人类本身的整个世界。马克思指出"是受动的受制约的和受限制的存在物[3]"，人能够有意识地、自觉地通过实践改变世界，但同样也被各种条件制约着。人类通过实践改变自然这一活动，会受到自然界客观规律的制约。因此，要正确处理人与自然的关系，如果一味地去征服自然，会引发生态问题，而这生态问题便是自然对人的

---

① 马克思，恩格斯．马克思恩格斯文集：第 1 卷［M］．北京：人民出版社，2009.
② 马克思，恩格斯．马克思恩格斯选集：第 3 卷［M］．北京：人民出版社，2012.
③ 马克思，恩格斯．马克思恩格斯选集：第 1 卷［M］．北京：人民出版社，2012.

报复，影响着人类的生存环境。马克思认为"实现人对自然界的驾驭，既不能把自己当作是驯服者来统治自然界，也绝不能把对自然界的驾驭看成与人不相关的行为，反之要时刻牢记，人类发展的每一步，连同我们的躯体、灵魂和精神都是发生和存在于自然界之中[1]"。"科学的实践是环境的改变和人的改变的一致，人与自然的物质变换只有在人的物质生活的丰富和发展与自然界的保护和建设的一致中才是科学、合理的[2]"。人类的所有实践活动都要做到尊重自然和敬畏自然。马克思指出"自然界同劳动一样也是使用价值的源泉[3]"，人在自然界里劳动，并依靠自然资源创造价值。因此，人与自然的对立统一关系决定了保护自然就是保护人类，破坏自然就是破坏人类社会。人类在自然界的实践活动，以保护自然为主，生态环境的好坏影响着人类的生产和生活，也影响着农业的发展。

自然力是马克思主义生态思想中一个重要概念，生产力的产生和发展是以自然力为前提的，自然力的合理利用和循环利用也就是马克思主义生态经济思想的核心。马克思认为"没有自然界，没有感性的外部世界，工人什么都不能创造[4]"。没有自然力，就不能生产人需要的产品，资本家依靠自然力进行生产能够降低产品的生产成本，提高劳动生产率。马克思在《资本论》中指出："首先应该归功于一种自然力，瀑布的推动力。瀑布是自然存在的，它和把水变成水蒸气的煤不同。煤本身是劳动的产品，所以具有价值，必须用一个等价物来支付，需要一定的费用。瀑布却是一种自然的生产要素，它的产生不需要任何劳动[5]。"资本家为寻求利益会最大限度地利用自然力，从而使得自然资源被快速消耗，生态环境遭受到破坏，自然灾害频发，生态危机严重，人与自然的生态矛盾也加剧。马克思指出："土地是有限的，而有水利资源的土地更是有限的[5]。"所以，人类必须合理地使用自然力，马克思也提出了资源的节约利用和循环利用思想。同时，对经济发展产生的废弃物提出循环利用的想法，马克思指出："在利用这种排泄物方面，资本主义经济浪费很大；例如，在伦敦，450 万人的粪便，就没有什么好的处理方法，只好花很多钱用来污染泰晤士河[6]。"将排泄物变废为宝，可以将其作为农业生产的天然肥料，从消费后再次回到生产中，实现废物的循环利用。

在马克思主义生态政治思想中，资本主义制度具有反生态的本质。马克思

---

① 马克思，恩格斯. 马克思恩格斯文集：第 9 卷［M］. 北京：人民出版社，2009.
② 陶火生. 马克思生态思想研究［M］. 北京：学习出版社，2013.
③ 马克思，恩格斯. 马克思恩格斯文集：第 3 卷［M］. 北京：人民出版社，2009.
④ 马克思，恩格斯. 马克思恩格斯选集：第 1 卷［M］. 北京：人民出版社，2012.
⑤ 马克思，恩格斯. 马克思恩格斯文集：第 7 卷［M］. 北京：人民出版社，2009.
⑥ 马克思，恩格斯. 马克思恩格斯文集：第 5 卷［M］. 北京：人民出版社，2009.

和恩格斯在《共产党宣言》中分析了资产阶级对于推翻封建制度、发展社会生产力所做的贡献。同时，这也伴随着资产阶级严重破坏了人与自然、人与人的双重关系，破坏了人与自然之间的和谐统一。马克思指出"有50％的利润，它就铤而走险；为了100％的利润，它就敢践踏一切人间法律；有300％的利润，它就敢犯任何罪行，甚至冒绞首的危险①"。资本在利益的驱使下，把自然看作获得利益的工具，不断掠夺自然资源，不仅造成了当代人的生态危机，同时也破坏了后代人的生活，没有考虑到可持续发展。资本主义生产方式，带来了环境污染，而环境污染最大的受害者是工人，工人被资本家安排在简陋的屋子中，生活环境恶劣，人与人的关系，人与自然的关系愈加恶劣，阻碍了社会的长期发展。

马克思主义生态思想强调了人与自然的关系，人类的实践活动要尊重自然、保护自然、顺应自然，而农业高质量发展也正是这一思想的体现。中国农业的高质量发展不仅是对马克思主义生态理论的继承，更是对其的创新和发展。马克思主义生态理论强调人与自然的辩证统一关系，主张在尊重自然规律的基础上实现人与自然的和谐共生。这一理论为中国农业高质量发展提供了坚实的理论依据和实践动力。

首先，中国农业高质量发展强调生态优先、绿色发展的理念，这与马克思主义生态理论的核心思想高度契合。马克思主义生态理论认为，人类的生产活动必须尊重自然规律，不能以牺牲生态环境为代价追求短期经济利益。中国在推进农业现代化的过程中，始终坚持绿色发展理念，注重生态环境保护。例如，中国实施的"化肥农药零增长行动"和"耕地轮作休耕制度"有效减少了农业面源污染，保护了土壤和水资源。此外，中国还大力发展生态农业和有机农业，推动农业与生态环境的协调发展。这些举措不仅体现了马克思主义生态理论的生态观，也为全球农业可持续发展提供了中国方案。其次，中国农业高质量发展注重资源的节约利用和循环利用，这与马克思主义生态理论中的资源循环利用思想高度一致。马克思主义生态理论强调，自然资源的有限性决定了人类必须合理利用和循环利用资源。中国在推进农业现代化的过程中，积极推广节水灌溉、秸秆还田、畜禽粪污资源化利用等技术，实现了农业资源的节约利用和循环利用。例如，中国在北方干旱地区推广的膜下滴灌技术，不仅节约了水资源，还提高了作物产量。这些举措不仅提高了资源利用效率，还减少了农业对生态环境的负面影响，体现了马克思主义生态理论的资源循环利用思想。

当前，农业高质量发展追求的是农业的可持续发展、农产品的安全性，同时也是实现人与自然关系和谐发展的重要体现，农业高质量发展更加强调了农

---

① 马克思，恩格斯．马克思恩格斯文集：第5卷［M］．北京：人民出版社，2009.

业的发展需要维护生态环境，不仅利于农业的发展，而且是人类发展的需要。

3. 2. 3　马克思主义经济发展理论

在马克思、恩格斯的相关经典著作中可以找到大量关于经济发展的论述。马克思指出："在历史上出现的一切社会关系和国家关系，一切宗教制度和法律制度，一切理论观点，只有理解了每一个与之相应的时代的物质生活条件，并且从这些物质条件中被引申出来的时候，才能理解[①]。"在不同的历史时期，中国农业的发展要求有所不同，中国农业的发展历程，是与时代相适应的发展。农业作为经济产业的一部分，也要遵循经济发展规律。因此，马克思主义经济发展理论也是中国农业高质量发展的重要理论依据。

马克思在《资本论》中运用辩证唯物主义和历史唯物主义的世界观和方法论揭示了资本主义社会的经济运动规律，研究资本主义生产方式以及和它相适应的生产关系和交换关系。马克思、恩格斯都十分重视经济发展问题，马克思认为，未来社会生产的目的是让所有人富裕，而中国农业发展的不断践行，也是实现人民共同富裕的重要基础。马克思在《1857—1858 年经济学手稿》中指出："生产力增长再也不能被占有他人的剩余劳动所束缚了，工人群众自己应当占有自己的剩余劳动。当他们已经这样做的时候，这样一来，可以自由支配的时间就不再是对立的存在物了，那时，一方面，社会的个人的需要将成为必要劳动时间的尺度，另一方面，社会生产力的发展竟如此迅速，以致尽管生产将以所有的人富裕为目的，所有的人的可以自由支配的时间还是会增加[②]。"在资本主义社会中，阻碍人全面发展的就是剥削制度，工人阶级通过斗争来反对资本主义的剥削，从而占有本应该属于自己的那一份剩余价值。马克思认为："按一定比例分配社会劳动的必要性，绝不可能被社会生产的一定形式所取消，而可能改变的只是它的表现形式[③]。"马克思主义的社会总资本再生产理论，揭示了社会化大生产条件下经济按比例发展的客观规律，只有两大部类及其内部各个部门之间按比例发展，才能够保证社会再生产的顺利进行。按一定比例协调分配社会劳动，是资本主义社会再生产顺利进行的前提条件，更是社会主义社会再生产实现的前提条件。

马克思主义经济发展理论不仅为中国农业高质量发展提供了理论依据，还在具体实践中发挥了重要的指导作用。中国农业的高质量发展正是马克思主义经济发展理论在中国具体实践中的生动体现。首先，马克思主义经济发展理论

---

①　马克思，恩格斯. 马克思恩格斯选集：第 2 卷 [M]. 北京：人民出版社，2012.

②　马克思，恩格斯. 马克思恩格斯选集：第 2 卷 [M]. 北京：人民出版社，2012.

③　马克思，恩格斯. 马克思恩格斯选集：第 4 卷 [M]. 北京：人民出版社，2012.

强调社会再生产的比例协调，认为各部门之间的协调发展是经济持续增长的关键。中国在推进农业高质量发展的过程中，注重农业与工业、服务业的协调发展。例如，通过发展农产品加工业和农村旅游业，实现了农业与第二、第三产业的深度融合。这不仅提高了农业附加值，还促进了农村经济的多元化发展。马克思指出，"按一定比例分配社会劳动是社会化大生产的基本规律"，这一理论在中国农业现代化的实践中得到了充分体现。其次，马克思主义经济发展理论强调共同富裕的目标，认为经济发展的最终目的是实现所有人的富裕。中国农业高质量发展正是以实现共同富裕为目标，通过政策支持和资金投入，推动农村经济发展和农民收入增长。例如，中国实施的精准扶贫政策，有效减少了农村贫困人口，提高了农民生活水平。马克思指出，"未来社会生产的目的是让所有人富裕"，这一目标在中国农业现代化的实践中得到了具体落实。此外，马克思主义经济发展理论还强调资源的合理利用和生态环境的保护。马克思认为，自然资源的有限性决定了人类必须合理利用资源，同时生产活动必须尊重自然规律。中国在推进农业现代化的过程中，始终坚持绿色发展理念，注重生态环境保护。

3.2.4 马克思主义人的全面发展理论

实现人的全面发展是马克思主义最高的理想和追求，中国农业高质量发展的最终落脚点也应是实现人的全面发展。在马克思主义理论中，马克思主义人的全面发展理论是马克思主义理论的重要组成部分，因而，人的全面发展理论也成为农业高质量发展的重要理论依据。

人的全面发展与社会发展息息相关，农业高质量发展关系着人们的食品安全、人们生存环境的可持续性发展等，人在农业发展中属于创造者也属于承担者，人们以实际行动发展农业，如果一味地消耗自然资源来发展农业，人类生存环境将岌岌可危，最终的不良后果也将由人类承担。因此，农业作为人类生存和社会生产的基础，人的全面发展也依靠着社会发展和农业的发展，并且人的全面发展与农业的发展相辅相成。

马克思、恩格斯指出，现实的人首先是具有自然属性的自然存在物，其次是意识存在物，具有意识属性，人将自己的意识贯穿至自己的生命活动中，最后是具有社会属性的社会存在物。农业高质量发展，离不开人的主观能动性，高质量发展理念是从人们的社会实践活动中凝炼而来的，其践行也需要人的实践活动。马克思指出："人的本质不是单个人所固有的抽象物，在其现实性上，它是一切关系的总和①。"人不能脱离社会孤立地存在，农业高质量发展也离

---

① 马克思，恩格斯.马克思恩格斯选集：第1卷［M］.北京：人民出版社，2012.

不开人直接或间接的社会实践活动。人的能力的全面发展，是人的全面发展中最重要的内容，马克思这样说道："全面发展的个人……不是自然的产物，而是历史的产物。要使这种个性成为可能，能力的发展就要到达一定的程度和全面性，这正是以建立在交换价值基础上的生产为前提的，这种生产才在产生出个人同自己和同别人的普遍异化的同时，也产生出个人关系和个人能力的普遍性和全面性①。"人的能力对人的全面发展有着重要作用，充分发挥人的能力作用于农业高质量发展也有着重要意义。在人的需要方面，包含着自然需要和社会需要两部分。马克思指出，人类生存的第一个前提就是必须能够维持基本生存，在第一需要得到满足的前提下，在生产物质生活过程中引发出新的需要。当前，我国社会的主要矛盾是人民日益增长的美好生活需要和不平衡不充分的发展之间的矛盾。人们的生活得到了一定的满足，开始追求更高的品质、追求必需品的安全性等，从而推动绿色发展理念、高质量发展理念的产生。马克思、恩格斯始终坚持人的发展与社会发展相统一，认为人与社会是相互生成的关系。

中国农业的高质量发展不仅是经济层面的追求，更是实现人的全面发展的重要途径。在马克思主义看来人的全面发展是社会的最高目标，而农业作为人类生存和发展的基础，其高质量发展必须以实现人的全面发展为最终落脚点。马克思主义人的全面发展理论强调人的能力的全面发展，认为这是实现人的全面发展的核心内容。这一论断在中国农业现代化的实践中得到了充分体现。为推动农业高质量发展，我国通过农业科技创新、职业教育和技能培训，不仅促进了农民的全面发展，还有助于实现经济效益。同时，马克思主义人的全面发展理论强调人的需要的多层次性，认为人的需要不仅包括物质需要，还包括精神需要和社会需要。马克思指出，"人类生存的第一个前提是满足基本需要，但在基本需要得到满足后，新的需要会不断产生"，这一理论在中国农业现代化的实践中得到了具体落实。中国农业高质量发展正是以满足人民日益增长的美好生活需要为目标，通过提供安全、优质、绿色的农产品，满足了人们对高品质生活的追求。此外，马克思主义人的全面发展理论强调人与社会的统一性，认为人的发展与社会发展是相互促进的。马克思指出，"人与社会是相互生成的关系"，这一理论在中国农业现代化的实践中得到了充分验证。中国农业高质量发展不仅推动了农村经济的发展，还促进了城乡融合和社会进步。

---

① 马克思，恩格斯．马克思恩格斯全集：第 46 卷［M］．北京：人民出版社，1979.

3.3 现实依据：新时代农业发展的新要求

从党的十八大开始，中国特色社会主义进入新时代。2017 年 10 月 18 日，党的十九大报告指出："经过长期努力，中国特色社会主义进入了新时代，这是我国发展新的历史方位。"中国特色社会主义进入了新时代，中国农业发展步入了新的阶段，新时代中国农业是以"绿色"为底色的高质量农业，是逐步走向现代化的农业。

3.3.1 中国农业发展新时代

2012 年开始，中国农业发展进入新时代。中国农业现代化的发展离不开农业的绿色发展、高质量发展，而中国农业高质量发展必是以"绿色"为底色的高质量发展。因此，需要从中国农业的绿色发展、高质量发展的现实来认识中国农业发展新时代。

（1）中国农业的绿色发展

2015 年，党的十八届五中全会首次提出"坚持绿色发展，必须坚持节约资源和保护环境的基本国策，坚持可持续发展，坚定走生产发展、生活富裕、生态良好的文明发展道路，加快建设资源节约型、环境友好型社会，形成人与自然和谐发展现代化建设新格局，推进美丽中国建设，为全球生态安全作出新贡献"。2016 年的中央一号文件《关于落实发展新理念加快农业现代化实现全面小康目标的若干意见》首次正式提出"农业绿色发展"专有名词。在中国农业绿色发展的历史演进过程中，中国农业绿色发展可分为萌芽阶段、快速发展阶段、全面发展阶段。

从 1980 年至 2002 年为萌芽阶段，这一时期的生态农业兴起并不断实践探索，是农业绿色发展的源头，并为中国农业的绿色发展带来了难得的契机。1924 年，农业绿色发展最早在欧洲兴起，英国是最早进行绿色农产品品种生产的国家之一。20 世纪 80 年代，西方发达国家提出并实践替代化学农业，同时我国发展生态农业的呼声也越来越高，开始推广生态农业。1993 年，国家七部委联合发出通知，在全国 50 个县进行生态农业试点，如大兴县、密云县、宝坻县、崇明县、遇安县等，为农业绿色发展的提出和探索奠定了基础。学者叶谦吉指出生态农业是中国农业的一场绿色革命，并在重庆市北碚区和大足县率先建立实验区，自此，我国生态农业建设初见端倪并走向前台，方兴未艾。20 世纪，国际可持续农业兴起以及世界对食品安全高度重视，对我国食品安全生产起到了启发和促进作用。改革开放以来，我国农业快速发展，人们对食物的需求也逐渐由对数量的需求转移到对营养与安全的需求。为此，农业部于

1989 年开始发展安全营养食品，并将其定名为绿色食品。中国绿色食品在农垦系统产生，1989 年，农业部研究制定农业经济和社会发展"八五"规划和 2000 年设想提高农业企业经济效益的突破口问题，决定发展一个拳头产品，即为绿色食品；1990 年亚运会期间，黑龙江农垦系统推出 80 多种绿色食品，深受消费者欢迎，显示了强大的市场竞争能力；1990 年，农业部成立国家绿色食品开发办公室并制定工作规划，确定标准、生产操作规程和检验规定；1992 年，中国绿色食品发展中心正式成立，建立绿色食品管理体系，该中心负责绿色食品标志申请注册；1993 年，中国绿色食品发展中心正式加入国际有机农业运动联盟（IFOAM）；1996 年 5 月，中国绿色食品协会成立[①]。并且在 1990 年 5 月 15 日，我国正式宣布开始发展绿色食品，开始实施绿色食品工程，成立绿色食品机构，搭建绿色食品质量检测平台，发布并实施绿色食品行业标准和规范，成立专门的行业协会。到 21 世纪初，绿色食品的发展受到了社会的广泛关注，农业绿色发展的呼声也不断被提高。

从 2003 年至 2012 年为快速发展阶段，2003 年，农业部农垦司、绿色食品协会提出绿色农业的概念，对绿色农业的研究日益增多，中国农业绿色发展的步伐也逐渐加快。国内开始健全绿色农产品认证标准等，形成了无公害农产品、绿色食品、有机农产品等 3 个农产品质量体系。这一时期，无公害农产品、绿色食品、有机农产品受到社会群众的广泛关注，数量迅速增长，农产品的市场规模也日益扩大。同时，我国的农产品质量安全管理机构与欧盟委员会、法国、德国、英国、澳大利亚等的农产品质量认证机构签署了多个合作协议，并多次组织国内绿色农产品生产企业参与国外有机食品博览会，推动农业绿色发展实现了"走出去"和"引进来"的大跨步。2012 年中国农业国际合作促进会主办了"农产品：绿色、有机论坛"，来自联合国粮农组织、联合国发展计划署、联合国环境规划署、部分国家和地区驻华机构、国内有关部门和农业企业等方面的代表约 150 人参加了会议，搭建起中国与各国在绿色食品和有机农产品生产加工贸易等领域的合作交流平台。

从 2012 年至今为全面发展阶段。新时代，中国农业的发展有了更加明确的绿色发展指引。习近平总书记提出的"绿水青山就是金山银山"的"两山"理论，为中国农业绿色发展指明了前进方向，绿色发展成了新时代的新潮流。在当前，中国农业资源环境污染严重、生态系统退化等问题日益突显，对农业绿色发展提出了迫切需求。党的十九大报告、二十大报告以及近年来中央的重要会议、重要文件都对农业供给侧结构性改革、农业高质量发展、农业可持续发展能力等提出了明确要求，强调了要实施绿色兴农战略，并启动了有机肥代

---

① 数据资料来源于百度百科。

替化肥、农膜回收、畜禽粪污资源化利用、秸秆处理等行动。为构建适合不同地区的农业绿色发展模式，我国实践和推广绿色农业技术，总结农业绿色发展经验，建设了海南省国家农业绿色发展先行区、江苏省如皋市国家农业绿色发展先行区、四川省成都市青白江区国家农业绿色发展先行区等农业绿色示范区（图3-1、图3-2）。

图3-1　海南省乐东黎族自治县黄流镇的智能温室大棚
来源：海南日报。

图3-2　江苏省如皋市航拍绿色田园
来源：央视网。

2018年中共中央、国务院印发的《关于实施乡村振兴战略的意见》强调："乡村振兴，生态宜居是关键。优良的生态环境是农村地区最宝贵的财物。尊重自然、顺应自然、保护自然，推动乡村自然资本增值，才能实现百姓富、生态美的统一。"2021年的中央一号文件特别强调要推进农业绿色发展，提出

"农村生产生活方式绿色转型取得积极进展，化肥农药使用量持续减少，农村生态环境得到明显改善"的具体目标。2022 年的中央一号文件突出强调："推进农业农村绿色发展。建设国家农业绿色发展先行区。开展农业绿色发展情况评价。开展水系连通及水美乡村建设。科学推进国土绿化。"2023 年的中央一号文件明确强调："推进农业绿色发展。加快农业投入品减量增效技术推广应用，推进水肥一体化，建立健全秸秆、农膜、农药包装废弃物、畜禽粪污等农业废弃物收集利用处理体系。"

从乡村振兴到农业绿色发展，在国家政策支持下，各地形成了农业绿色发展区域典型模式。如山西省运城市万荣县的健全农业绿色发展支撑体系，推进农业生产方式绿色转型；云南省红河哈尼族彝族自治州弥勒市的发展绿色生态产业，探索生态与经济"齐头并进"的石漠化治理新路子；西藏自治区日喀则市白朗县的全链推行绿色生产方式，打造高原设施蔬菜样板等模式[①]（图 3-3、图 3-4）。中国农业绿色发展进入了全面发展阶段。

图 3-3　山西省运城市万荣县各色农作物分布在层层梯田上
来源：人民网——山西频道。

（2）中国农业的高质量发展

2017 年，党的十九大报告首次提出高质量发展的新表述："我国经济已由高速增长阶段转向高质量发展阶段，正处在转变发展方式、优化经济结构、转换增长动力的攻关期，建设现代化经济体系是跨越关口的迫切要求和我国发展的战略目标。"2021 年 3 月 30 日，中共中央政治局召开会议，审议《关于新时代推动中部地区高质量发展的指导意见》。9 月 14 日，国务院批复国家发展改革委、财政部、自然资源部关于推进资源型地区高质量发展"十四五"实施

---

① 信息来源于《中国农业绿色发展报告 2022》。

图 3-4　西藏自治区日喀则市白朗县的青稞地
来源：新华社。

方案。2022 年，党的二十大报告明确指出，"高质量发展是全面建设社会主义现代化国家的首要任务"，是中国式现代化发展的内在要求之一。农业高质量发展是经济高质量发展的重要组成部分，也是经济高质量发展在农业领域的重要表现形式。"农业强国是社会主义现代化强国的根基"。强国必先强农，农强方能国强，全面建设社会主义现代化国家，最艰巨最繁重的任务仍然在农村。农业强国是保障根本、力图全面、旨在长远的战略性部署，加快建设农业强国需要着眼于"保安全、促发展、强优势、谋幸福"四方面，全方位推进农业农村高质量发展。

农业高质量发展是时代发展的需要，更是中国高质量发展的需要。2018年中央一号文件提出："实施质量兴农战略，深入推进农业绿色化、优质化、特色化、品牌化，调整优化农业生产力布局，推动农业由增产导向转向提质导向。"2019 年中央一号文件强调："调整优化农业结构。大力发展紧缺和绿色优质农产品生产，推进农业由增产导向转向提质导向。"2020 年中央一号文件指出："持续抓好农业稳产保供和农民增收，推进农业高质量发展，保持农村社会和谐稳定，提升农民群众获得感、幸福感、安全感。"2021 年中央一号文件指出："促进农业高质高效。"2022 年中央一号文件明确了"强化现代农业基础支撑"，这为全面推进农业高质量发展奠定了重要基础。2023 年中央一号文件指出："必须坚持不懈把解决好'三农'问题作为全党工作重中之重，举全党全社会之力全面推进乡村振兴，加快农业农村现代化。"在近几年的中央一号文件的指示要求下，现代农业的发展基础不断增强，中国农业稳步发展和持续增强，农业高质量发展成效显著。

3.3.2 党对新时代农业发展的科学判断

2012 年，党的十八大报告指出："解决好农业农村农民问题是全党工作重中之重……坚持工业反哺农业、城市支持农村和多予少取放活方针，加大强农惠农富农政策力度，让广大农民平等参与现代化进程、共同分享现代化成果。"2017 年，党的十九大报告强调："农业农村农民问题是关系国计民生的根本性问题，必须始终把解决好'三农'问题作为全党工作重中之重。"2022 年，党的二十大报告强调："坚持农业农村优先发展，坚持城乡融合发展，畅通城乡要素流动。加快建设农业强国，扎实推动乡村产业、人才、文化、生态、组织振兴。全方位夯实粮食安全根基，全面落实粮食安全党政同责，牢牢守住十八亿亩耕地红线，逐步把永久基本农田全部建成高标准农田，深入实施种业振兴行动，强化农业科技和装备支撑，健全种粮农民收益保障机制和主产区利益补偿机制，确保中国人的饭碗牢牢端在自己手中。树立大食物观，发展设施农业，构建多元化食物供给体系……发展新型农业经营主体和社会化服务，发展农业适度规模经营……完善农业支持保护制度。"新时代，党中央根据中国国情、中国农业发展现实以及人民群众美好生活需要，作出了关于中国农业在新发展阶段的相关部署，指明了新时代中国农业发展前进的重要方向。

3.3.3 国家对新时代农业发展的方针政策

2012 年，中央一号文件《中共中央 国务院关于加快推进农业科技创新持续增强农产品供给保障能力的若干意见》指出："做好 2012 年农业农村工作，稳定发展农业生产，确保农产品有效供给，对推动全局工作、赢得战略主动至关重要……实现农业持续稳定发展、长期确保农产品有效供给，根本出路在科技。农业科技是确保国家粮食安全的基础支撑，是突破资源环境约束的必然选择，是加快现代农业建设的决定力量，具有显著的公共性、基础性、社会性。必须紧紧抓住世界科技革命方兴未艾的历史机遇，坚持科教兴农战略，把农业科技摆上更加突出的位置，下决心突破体制机制障碍，大幅度增加农业科技投入，推动农业科技跨越发展，为农业增产、农民增收、农村繁荣注入强劲动力。"要继续"加大投入强度和工作力度，持续推动农业稳定发展。依靠科技创新驱动，引领支撑现代农业建设。提升农业技术推广能力，大力发展农业社会化服务。加强教育科技培训，全面造就新型农业农村人才队伍。改善设施装备条件，不断夯实农业发展物质基础。提高市场流通效率，切实保障农产品稳定均衡供给"。2013 年，中央一号文件《中共中央 国务院关于加快发展现代农业，进一步增强农村发展活力的若干意见》对农业工作指出："按照保供增收惠民生、改革创新添活力的工作目标，加大农村改革力度、政策扶持力度、科技驱动力度，围绕现代农业建设，充分发挥农村基本经营制度的优越性，着力构建集约化、专业化、组织化、社会化相结合的新型农业经营体系，进一步解放和发展农村社会生产力，巩固和发展农业农村大好形势……建立重要农产品供给保障机制，努力夯实现代农业物质基础。健全农业支持保护制度，不断加大强农惠农富农政策力度。创新农业生产经营体制，稳步提高农民组织化程度。构建农业社会化服务新机制，大力培育发展多元服务主体。"2014 年，中央一号文件《关于全面深化农村改革加快推进农业现代化的若干意见》指出："推进中国特色农业现代化，要始终把改革作为根本动力，立足国情农情，顺应时代要求，坚持家庭经营为基础与多种经营形式共同发展，传统精耕细作与现代物质技术装备相辅相成，实现高产高效与资源生态永续利用协调兼顾，加强政府支持保护与发挥市场配置资源决定性作用功能互补。要以解决好地怎么种为导向加快构建新型农业经营体系，以解决好地少水缺的资源环境约束为导向深入推进农业发展方式转变，以满足吃得好吃得安全为导向大力发展优质安全农产品，努力走出一条生产技术先进、经营规模适度、市场竞争力强、生态环境可持续的中国特色新型农业现代化道路。""强化农业支持保护制度。建立农业可持续发展长效机制。构建新型农业经营体系。"2015 年，中央一号文件《关于加大改革创新力度加快农业现代化建设的若干意见》指出："推动新型工业化、信息化、城镇化和农业现代化同步发展，努力在提高粮食生产能力上挖掘新潜力，在优化农业结构上开辟新途径，在转变农业发展方式上寻求新突破……围绕建设现代农业，加快转变农业发展方式。"2016 年，中央一号文件《中共中央 国务院关于落实发展新理念加快农业现代化实现全面小康目标的若干意见》指出："厚植农业农村发展优势，加大创新驱动力度，推进农业供给侧结构性改革，加快转变农业发展方式，保持农业稳定发展和农民持续增收，走产出高效、产品安全、资源节约、环境友好的农业现代化道路。"要"持续夯实现代农业基础，提高农业质量效益和竞争力。加强资源保护和生态修复，推动农业绿色发展"。2017 年，中央一号文件《中共中央 国务院关于深入推进农业供给侧结构性改革加快培育农业农村发展新动能的若干意见》指出："推进农业供给侧结构性改革，要在确保国家粮食安全的基础上，紧紧围绕市场需求变化，以增加农民收入、保障有效供给为主要目标，以提高农业供给质量为主攻方向，以体制改革和机制创新为根本途径，优化农业产业体系、生产体系、经营体系，提高土地产出率、资源利用率、劳动生产率，促进农业农村发展由过度依赖资源消耗、主要满足量的需求，向追求绿色生态可持续、更加注重满足质的需求转变。"要继续"优化产品产业结构，着力推进农业提质增效。推行绿色生产方式，增强农业可持续发展能力。壮大新产业新业态，拓展农业产业链价值链。强化科技创新驱动，引领现代农业加快发展。补齐农业农村短板，夯实农村共享发展基础。加大农村改革力度，激活农业农村内生发展动力"。2018 年，中央一号文件《中共中央　国务院关于实施乡村振兴战略的意见》指出："坚持农业农村优先发展，按照产业兴旺、生态宜居、乡风文明、治理有效、生活富裕的总要求，建立健全城乡融合发展体制机制和政策体系……加快推进农业农村现代化，走中国特色社会主义乡村振兴道路，让农业成为有奔头的产业，让农民成为有吸引力的职业，让农村成为安居乐业的美丽家园。"要"提升农业发展质量，培育乡村发展新动能。夯实农业生产能力基础，实施质量兴农战略，构建农村一二三产业融合发展体系，构建农业对外开放新格局，促进小农户和现代农业发展有机衔接"。2019 年，中央一号文件《中共中央　国务院关于坚持农业农村优先发展做好"三农"工作的若干意见》指出："围绕'巩固、增强、提升、畅通'深化农业供给侧结构性改革。"要"夯实农业基础，保障重要农产品有效供给。稳定粮食产量。完成高标准农田建设任务。调整优化农业结构，大力发展紧缺和绿色优质农产品生产，推进农业由增产导向转向提质导向。加快突破农业关键核心技术。强化创新驱动发展，实施农业关键核心技术攻关行动，培育一批农业战略科技创新力量，推动生物种业、重型农机、智慧农业、绿色投入品等领域自主创新。建设农业领域国家重点实验室等科技创新平台基地，打造产学研深度融合平台，加强国家现代农业产业技术体系、科技创新联盟、产业创新中心、高新技术产业示范区、科技园区等建设。实施重要农产品保障战略"。2020 年，中央一号文件《中共中央　国务院关于抓好"三农"领域重点工作确保如期实现全面小康的意见》指出："持续抓好农业稳产保供和农民增收，推进农业高质量发展，保持农村社会和谐稳定，提升农民群众获得感、幸福感、安全感。"要"加强现代农业设施建设。以粮食生产功能区和重要农产品生产保护区为重点加快推进高标准农田建设，修编建设规划，合理确定投资标准，完善工程建设、验收、监督检查机制，确保建一块成一块……依托现有资源建设农业农村大数据中心，加快物联网、大数据、区块链、人工智能、第五代移动通信网络、智慧气象等现代信息技术在农业领域的应用"。2021 年，中央一号文件《中共中央　国务院关于全面推进乡村振兴加快农业农村现代化的意见》指出："到 2025 年，农业农村现代化取得重要进展，农业基础设施现代化迈上新台阶，农村生活设施便利化初步实现，城乡基本公共服务均等化水平明显提高。农业基础更加稳固，粮食和重要农产品供应保障更加有力，农业生产结构和区域布局明显优化，农业质量效益和竞争力明显提升，现代乡村产业体系基本形成，有条件的地区率先基本实现农业现代化。"要"加快推进农业现代化。提升粮食和重要农产品供给保障能力，打好种业翻身仗。农业现代化，种子是基础，加强农业种质资源保护开发利用。强化现代农业科技和物质装备支撑。构建现代乡村产业体系。依托乡村特色优势资源，打造农业全产业链，把产业链主体留在县城，让农民更多分享产业增值收益。加快健全现代农业全产业链标准体系，推动新型农业经营主体按标生产，培育农业龙头企业标准'领跑者'"。2022 年，中央一号文件《中共中央 国务院关于做好 2022 年全面推进乡村振兴重点工作的意见》指出："强化现代农业基础支撑。落实'长牙齿'的耕地保护硬措施。实行耕地保护党政同责，严守 18 亿亩耕地红线。全面完成高标准农田建设阶段性任务。大力推进种源等农业关键核心技术攻关。全面实施种业振兴行动方案。加快推进农业种质资源普查收集，强化精准鉴定评价。推进种业领域国家重大创新平台建设。启动农业生物育种重大项目。加快实施农业关键核心技术攻关工程。强化现代农业产业技术体系建设。提升农机装备研发应用水平。加快发展设施农业。因地制宜发展塑料大棚、日光温室、连栋温室等设施。有效防范应对农业重大灾害。加大农业防灾减灾救灾能力建设和投入力度。"2023 年，中央一号文件《中共中央 国务院关于做好 2023 年全面推进乡村振兴重点工作的意见》指出："发展现代设施农业。实施设施农业现代化提升行动。加快发展水稻集中育秧中心和蔬菜集约化育苗中心。加快粮食烘干、农产品产地冷藏、冷链物流设施建设。集中连片推进老旧蔬菜设施改造提升。推进畜禽规模化养殖场和水产养殖池塘改造升级。在保护生态和不增加用水总量前提下，探索科学利用戈壁、沙漠等发展设施农业。鼓励地方对设施农业建设给予信贷贴息。"要"加强农业基础设施建设。强化农业科技和装备支撑，推动农业关键核心技术攻关，深入实施种业振兴行动，加快先进农机研发推广，推进农业绿色发展"。从进入新时代以来，党中央对农业发展的方针政策指引着中国农业走向现代化农业，走向绿色农业、高质量农业的光明之路。

第 4 章

中国农业高质量发展的指导原则

把握新发展阶段，深入贯彻新发展理念，构建以国内大循环为主体、国内国际双循环相互促进的新发展格局，是现阶段经济社会发展的重要任务。中国农业高质量发展，必须深入践行新发展理念，要以创新成为第一动力、协调成为内生特点、绿色成为普遍形态、开放成为必由之路、共享成为根本目的作为中国农业高质量发展的指导原则。

4.1 创新驱动：科产融合引领农业质效发展

党的二十大报告指出，"坚持创新在我国现代化建设全局中的核心地位"，把科技自立自强作为国家发展的战略支撑。"没有农业强国就没有整个现代化强国"，创新是建设社会主义现代化国家的核心，创新也是建设农业强国的核心，中国农业高质量发展必须坚持创新成为第一动力的原则。

第一，创新是催生农业新发展动能的动力源泉。在"十四五"时期，我国经济社会发展以推动高质量发展为主题，更加需要以科技创新催生新发展动能。实现农业高质量发展，必须找到农业新发展动能，高质量发展是高效的、追求质量的、可持续的发展，找到农业的新发展动能，实现农业的新发展，也是实现农业高质量发展的重要基础。世界科技日新月异，科学技术的不断发展推动新业态、新动能不断出现。创新是推动科学技术发展的重要动力，以创新作为农业新发展动能的动力源泉，是发展绿色农业、生态农业、循环农业等新型农业的基础，是推动农业绿色发展、高质量发展的动力。

第二，创新是实现农业科技自立自强的坚实保障。在当今世界，农业科技的发展已经成为各国竞争的关键领域。我国作为一个农业大国，农业科技的发展更是至关重要。创新作为引领发展的第一动力，对于实现农业科技自立自强具有决定性作用，是实现农业科技自立自强的坚实保障。通过创新可以提高农业科技的应用水平。当前，我国农业科技的应用还存在一些问题，如技术推广不到位、农民接受程度低等。通过创新，提高农业科技的应用水平，让更多的农民了解、接受并应用这些新技术，从而提高农业生产效率和质量。农业科技作为农业高质量发展、农业现代化发展的重要因素，其发展必须依靠自己，实现农业科技的自立自强，才能坚守农业作为国民经济基础的底气。在农业科技中，创新更是关键因素，科学技术的发展离不开创新，有创新才能推动技术不断发展，有创新才能握牢农业科技的关键。

第三，创新是提升农业产业链现代化水平的战略支撑。农业产业链的现代化，不仅包括农业生产技术的提升，还包括农业经营方式的转变，以及农业产业链的延伸和升级，突破传统农业局限，将创新思维引入农业领域，从而推动农业产业链的全面升级。2022年，国家发展改革委在《"十四五"推进农业农村现代化规划》中指出，我国农业产业链和价值链仍处于低端，需要加快提升现代化水平，打造全产业链，拓展农业增值增效空间。以创新思维突破原有农业产业链弊端，在现有农业产业链的发展情况下，寻找农业产业链的创新点，提升农业产业链的现代化水平，打破当前农业产业链现代化发展壁垒。

第四，创新是塑造农业国际竞争合作优势的重要基础。随着全球化的推进，农业国际合作已成为各国发展的重要趋势。在这个过程中，创新是塑造农业国际合作优势的重要基础。技术创新是农业国际合作的核心驱动力，引进和开发新的农业技术，提高农业生产效率，降低成本，提高产品质量，增强农业国际合作的竞争力；商业模式创新是农业国际合作的重要支撑，探索新的商业模式，如农业合作社、跨国公司、战略联盟等，扩大合作范围，提高合作效率，降低风险；管理创新是农业国际合作的关键环节，引入先进的管理理念和方法，提高组织的协调性和效率，促进农业国际合作的成功。以创新来塑造农业国际竞争的合作优势，加强研发投入，鼓励企业、研究机构和高校加大对农业科研的投入，推出具有市场竞争力的新品种、新技术、新模式；拓宽合作渠道，加强与国外政府、行业组织、金融机构等的合作，探索新的合作模式，如"一带一路"倡议下的农业合作项目；培养创新人才，加强人才培养，提高农业从业者的素质和技能水平，为农业国际合作提供人才保障；建立健全风险防范机制，包括政策风险、市场风险、技术风险等，以降低农业国际合作的风险。在农业国际合作中，只有通过持续的创新，才能应对各种挑战，把握机遇，实现共赢。

4.2 协调发展：要素统筹推动农业多维平衡

农业高质量发展包含了农业的多个方面，在推动构建新发展格局下，坚持协调成为内生特点的指导原则，就是要实现农业的种与养、量与质、增与减、用与护相协调，以此实现农业各方面的协调发展，有效推进农业高质量发展。

第一，实现种与养相协调，促进农业绿色循环发展。种养协调是指在农业生产过程中，将种植和养殖有机结合，实现资源共享、优势互补。通过这种方式，充分利用土地、水资源和生物资源，提高农业生产的效率和质量，同时有利于环境保护和生态平衡。在农业生产过程中，科学合理规划、合理布局种植和养殖区域，确保资源的充分利用；采用有机肥、生物肥等绿色肥料，减少化肥的使用量，以减少对环境的污染；在养殖过程中，对动物的粪便和废弃物进行无害化处理后，再用于农田施肥或制作有机肥，实现废弃物的循环利用；采用智能化管理技术，对种植和养殖过程进行监控和管理，提高生产效率和质量。种与养相协调，就是要在农业生产中，实现种植与养殖循环、种地与养地相结合，解决粪类污染，发展有机种植，利用秸秆养殖，走农业绿色循环发展之路，促进农业可持续发展。

第二，实现量与质相协调，确立农业绿色生产体系。农业生产的量与质相协调，不仅关乎农民的收入和生活水平，还关系到整个社会的可持续发展。在当今社会，随着人们对食品安全和环境保护的日益重视，农业绿色生产体系的重要性日益凸显。绿色生产体系，是在农业生产过程中，以科学合理的管理和技术手段，实现资源的有效利用、环境的友好保护和农产品的高质安全，包括但不限于有机农业、生态农业、精准农业等模式，旨在提高农业生产效率，降低环境污染，保障食品安全。推广绿色种植技术，培训和指导农民掌握绿色种植技术，如有机肥料替代化肥、生物农药替代化学农药等，以提高农产品的品质和安全性。实施精准农业，利用现代信息技术，如卫星遥感、物联网、大数据等，实现对农田的精准监测和管理，提高农业生产效率。建立农产品质量追溯体系，通过建立农产品质量追溯体系，对农产品从生产到销售进行全过程监管，保障食品安全。推广生态循环农业模式，发展生态循环农业模式，如种养结合、废弃物资源化利用等，实现农业生产的良性循环，降低环境污染。

第三，实现增与减相协调，做好农业面源污染防治。做好农业面源污染防治是当前环境保护的重要任务，通过科学施肥、合理用药、畜禽粪便资源化、生态农业模式等措施，加强政策引导、建立监测体系、强化执法监管、建立生态补偿机制等具体措施的实施，有效减少农业面源污染，保护生态环境。实现增与减相协调，就是要坚持在农业生产中增施有机肥、化肥减量、农药减量，坚持以有机肥代替化肥、绿色防控代替化学防治，以此解决好农业面源污染问题，进一步改善农业生态环境。

第四，实现用与护相协调，建立农业资源保护体系。随着工业化、城市化的快速推进，农业资源日益受到压力，为了实现可持续发展，必须将农业资源的利用与保护相协调，建立完善的农业资源保护体系，坚持"严格保护、合理利用"的原则，建立耕地等农业资源保护和利用可持续发展机制，加强对农业资源的利用和管护，是推动农业绿色发展、可持续发展、高质量发展的重要环节。农业资源保护体系的建立对于保障粮食安全、生态安全和农民权益具有重要意义。保护农业资源，减少环境污染，提高农产品质量，保障人民的健康；促进生态平衡，维护生物多样性，为人类提供更加丰富的生态产品；促进农村经济发展，提高农民收入水平，实现乡村振兴。实现用与护相协调，建立农业资源保护体系是当前农业发展的必然选择，推广绿色农业技术、推进农业机械化与智能化、加强农村人才培养、推进土地流转与适度规模经营、加大监管与执法力度等措施，实现农业资源的可持续利用，保障粮食安全、生态安全和农民权益，为乡村振兴和可持续发展奠定坚实基础。

4.3 绿色转型：生态优先强化农业可持续进路

绿色是高质量发展的底色，是永续发展的必要条件和人民对美好生活追求的重要体现。党的二十大报告指出："推动经济社会发展绿色化、低碳化是实现高质量发展的关键环节。"中国农业高质量发展坚持绿色成为普遍形态的指导原则，以绿色理念、绿色方式、绿色产业以及绿色制度打牢"绿色"基底，全面推进中国农业高质量发展。

第一，以绿色理念引领农业生产。思想是行动的先导，坚持以绿色理念引领农业生产，是农业高质量发展的重要核心。绿色理念强调可持续发展，注重环境保护和资源利用，为农业生产提供了新的思路和方法。在绿色理念的引领下，农业生产过程中采用有机肥料、生物农药等环保手段，减少化学肥料和农药的使用，从而降低农产品的农药残留和重金属含量，提高农产品的质量和安全水平；绿色农业强调生态系统的平衡和稳定，注重生物多样性和生态循环，在农业生产中采用生态农业模式，如轮作、间作、立体种植等，促进生物多样性和生态循环，提高农业生产的生态效益；绿色农业注重资源的可持续利用和环境保护，实现农业生产的可持续发展，在农业生产中采用高效、环保的生产技术和模式，提高农业生产效率和经济效益，促进农业生产的转型升级。

第二，以绿色方式实现农业金色丰收。党的二十大报告指出："发展绿色低碳产业……加快节能降碳先进技术研发和推广应用，倡导绿色消费，推动形成绿色低碳的生产方式和生活方式。"通过绿色方式实现农业金色丰收，最重要的就是推进生产方式变革，实现农业生产方式的绿色化。在以绿色成为普遍形态为指导原则下，农业生产方式要走向绿色化发展，采取绿色、生态、环保的农业生产技术，推动农业绿色生产方式落地生根，推动农业绿色发展，保障农产品供给，保障农民收入，保障农业生态，不能因提高农产品供给、农民收入而忽略农业生态环境。所有的生产都应该坚持绿色生产方式，坚持生态友好的生产方式，才能在确保粮食有效供给、确保农民收入稳定的同时，维护农业生产生态环境，实现农业全方位金色丰收，推动农业可持续发展。

第三，以绿色产业带动农业提质增效。用绿色产业带动农业提质增效，就是推进农业产业结构变革，实现供给结构与需求结构的高度适应。农业产业结构的变革，必须根据市场需求变化而进行调整，将增加农业绿色产业、绿色农产品摆在更加突出的位置，使农业的生产结构、产品结构满足多元化、个性化、优质化、品牌化并不断升级的消费需求，发挥农业的多功能性，发展绿色生态农业产业，将其与乡村旅游业、文化产业、康养产业等深度融合，发掘农业的生态价值、文化价值、休闲价值等，满足人民日益增长的美好生活需要，有效提高农业质量，有效增加农民收入，有效推动农村绿色发展。

第四，以绿色制度保障农业绿色发展。加强制度体系变革，以绿色制度促进农业绿色发展，创新农业绿色发展体制机制，形成激励有效、约束有力的绿色发展制度环境。全面推进农业绿色发展制度体系建设，加强耕地保护补偿、生态保护补偿、农业补贴、金融支持等政策的推行，建立健全绿色农业标准体系制度，构建农业绿色发展法律法规体系，敦促各地方政府部门有效落实各项政策法规，落实政府责任，提高各农业生产者和消费者的绿色生产意识、绿色消费意识、生态环保意识，以绿色制度保障农业绿色发展，为农业高质量发展提供更加有力的制度保障。

4.4　开放合作：循环畅通加速农业深度链接

在当今全球化的世界中，开放成为一个必要且重要的选择，这不仅是一种态度，更是一种行动，一种引领农业走向未来的动力。开放是推动农业经济发展的关键因素。在全球化的背景下，经济全球化使得各国经济相互依存、相互促进。只有通过开放，才能更好地利用国际资源，引进先进的技术和管理经验，提高农业自身的竞争力。同时，开放也能够促进国际贸易和投资，推动全球经济的增长。在全球化的过程中，各种文化相互碰撞、交流、融合，形成了丰富多彩的文化景象，通过开放更好地了解和接受其他农耕文化，促进农耕文化的交流和融合，推动人类文明的进步。随着全球化的推进，各种社会问题也日益凸显，如贫困、失业、环境污染等，在开放的过程中应借鉴其他国家的成功经验，寻找解决问题的途径，推动社会进步和维护社会稳定。而农业的开放，就是要打开农业的国际市场，促进农业的国内国际双循环，发展高水平的农业开放型经济。

深化农业双循环战略，构建中国农业开放型经济新格局。农业的开放不仅是全球化背景下的必然选择，更是中国农业实现高质量发展的关键路径。这一开放不是被动适应，而是主动塑造；不是零和博弈，而是合作共赢。通过"国内国际双循环"战略，农业开放的核心目标在于打通国内国际两个市场的资源流动与协同发展，形成以国内大循环为主体、国内国际双循环相互促进的开放型农业经济体系。这一战略既要求立足国内超大市场规模和产业基础，又需要主动对接全球农业价值链，最终实现农业竞争力提升、农民增收与粮食安全的有机统一。

一方面，重视国内大循环的提质增效，筑牢农业开放根基。国内大循环是农业双循环战略的基石。一是深化供给侧结构性改革。国内大循环的核心在于解决农业供给与需求的结构性矛盾。通过推动农业供给侧结构性改革，优化农产品品种结构，提升绿色、优质、特色农产品的供给能力。例如，发展高附加值的功能性农产品，满足消费升级需求；推广节水农业、生态循环农业等模式，降低资源消耗与环境压力。同时，完善农产品质量追溯体系，以标准化生产增强消费者信心，为农产品"走出去"积累市场信誉。二是推动全产业链融合发展，农业产业链的纵向延伸与横向整合是提升国内循环效率的关键。重视推动"生产—加工—流通—消费"全链条协同，支持农产品精深加工，提升附加值；同时，促进农业与旅游、文化、康养等产业跨界融合，发展休闲农业、农村电商等新业态。这种融合不仅拓展了农业功能，更通过产业联动创造新的增长点，增强国内市场的韧性与活力。三是完善现代流通体系，高效的流通体系是连接生产与消费的"动脉"。建设覆盖城乡的冷链物流网络，发展智慧农业物流平台，推动农产品批发市场数字化升级，实现供需精准匹配。此外，还需加强农村电商基础设施建设，借助直播带货、社区团购等新模式，减少流通环节，使小农户直接对接大市场。

另一方面，重视国际循环的纵深拓展，提升全球资源配置能力。国际循环的深化要求中国农业从被动融入全球分工转向主动参与规则制定，增强在全球农业价值链中的话语权。一是构建多元化市场格局，在巩固传统市场的同时，开拓"一带一路"沿线新兴市场。同时，针对不同区域需求调整出口结构，如向中亚、非洲推广农业机械与节水技术。此外，通过自贸协定谈判降低贸易壁垒，如利用 RCEP 框架扩大热带农产品进口与加工品出口，形成互补性贸易网络。二是强化技术合作与标准对接，国际循环不仅是产品流动，更是技术、知识与规则的互通。引进国际先进农业技术，推动中国农业标准与国际接轨，还可通过共建联合实验室、技术示范园区等方式，与发展中国家共享农业创新成果。三是优化全球产业链布局。鼓励农业企业"走出去"，在海外建立种植基地、加工中心和仓储设施，构建"海外生产—国内加工—全球销售"的跨国产业链，实现互利共赢。

双循环协同互促，构建内外联动机制。双循环并非简单叠加，而是通过制度创新与要素整合，实现国内国际市场的深度互动与能量交换。在这一过程中，需平衡开放与安全、效率与公平、短期利益与长期可持续性，最终构建起内外市场联通、产业链自主可控、农民共享红利的农业开放型经济体系。中国农业的开放之路，既是自身现代化的必然选择，又为全球农业治理贡献了包容性发展的中国方案。

随着全球化和信息化的快速发展，农业在开放中要与全球市场接轨，成为农业高质量发展的必然趋势。因而，坚持开放成为农业发展的必由之路具有重要意义。在未来的发展中，加强国际交流与合作，推进农业市场的开放和竞争，促进农业产业的升级和转型，促进农民增收和农村发展，实现农业的高质量发展和繁荣昌盛。第一，开放促进农业技术的交流与合作。农业技术的发展离不开国际交流与合作，引进国外先进的农业技术、管理经验和经营模式，加快我国农业现代化进程，提高农业生产效率和质量。并且开放还促进我国农业技术的创新和研发，提高我国农业的核心竞争力。第二，开放促进农业市场的开放和竞争。随着市场经济的发展，农业市场也需要逐步开放和竞争，通过吸引外资、外资企业和国外农产品进入我国市场，打破国内市场的垄断和封闭状态，促进市场竞争，提高农产品质量和竞争力，也促进我国农业企业的改革和创新，提高企业的竞争力和管理水平。第三，开放促进农业产业的升级和转型。随着消费升级和农业供给侧结构性改革的推进，农业产业需要转型升级。引进国外先进的农业生产技术和经营模式，促进我国农业产业的升级和转型，提高农业产业的质量和效益，促进我国农业产业结构的调整和优化，提高农业产业的竞争力。第四，开放促进农民增收和农村发展。农业是农民的收入来源之一，通过开放吸引更多的外资、外资企业和国外农产品进入我国市场，为农民提供更多的就业机会和收入来源。同时，开放促进农村基础设施建设和公共服务水平的提高，改善农村生产生活条件，促进农村经济的发展和繁荣。

在坚持以开放推动农业的发展中，为其更好地把握机遇，也要提升农业自身的竞争力。一是提高产品质量，在面对更加广阔的市场中，只有高质量的农产品才能获得竞争优势。因而，农民需要提高农产品质量，以满足市场需求。二是增强品牌意识，品牌是农产品在市场中的重要竞争力，企业要加强品牌建设，提高产品知名度和美誉度。三是提升物流水平，开放市场需要高效的物流体系来保证农产品的运输和储存。因此，要加强物流基础设施建设，提高物流效率。四是政策支持，政府在农业开放市场中发挥着关键作用。政府制定相关政策，为农业开放市场提供支持和保障，如提供税收优惠、补贴物流成本、鼓励技术创新等，以此使得农业在面对更加广阔市场时，有自身优势，有较强的竞争力。

4.5　共享成果：人民至上指明农业发展归旨

今天的中国农业在走向高质量发展的阶段，农业领域的发展成果，已经不只是惠及全体中国人民，而是站在更高位置上，更多地惠及世界人民，尤其是经济文化相对落后的发展中国家，中国正在向世界分享农业发展成果。

中国农业为人类作出了重大贡献，在推动"一带一路"的建设中，农业和粮食安全合作已成为共建"一带一路"倡议的重要组成部分，2022 年，中国与共建"一带一路"国家进出口食品贸易额达到 7 863.1 亿元。在《中巴经济走廊远景规划》的构想中，巴基斯坦农业需要实现重大发展。在农作物种植行业，该规划的重点是增加现代机械和合成肥料的使用以提高产量，同时建立粮食储存和加工区以减少收获后的严重损耗。中国大力支持南南合作，南南合作是联合国粮农组织推动的发展模式，在为广大发展中国家创造就业机会、建设基础设施和促进贸易方面富有成效。自 1996 年该计划启动以来，中国已在非洲、亚洲、拉丁美洲、加勒比地区和南太平洋地区的 37 个国家派驻了超过 1 000 名专家和技术人员。中国专家在农业机械化和机械制造、农产品销售、食品加工、水产养殖、作物生产和园艺、畜牧等众多领域传授先进技术，为这些国家的农业发展作出了巨大贡献[1]。2018 年，布基纳法索与中国恢复外交关系，截至 2022 年，中国共派出 3 批次 21 人次农业专家和 12 人次法语翻译赴布基纳法索执行援外任务，修建太阳能水井、蓄水坝、土地整治等 10 项小型水利工程，在全国示范性开发洼地 2 000 公顷，第一个水稻示范区建设试点成功，为布方培训各领域农业技术人员 3 000 余人次。在圣多美和普林西比的农技人员，试验示范中国实用技术近 100 项，9 个中国蔬菜品种在当地通过评审并大面积推广，大白菜等 3 个品种已基本可替代进口，玉米示范增产 35%，木薯产量翻一番；第一个减贫示范村建设试点成功，示范户户均年增收达 2 000 美元。中国始终坚持"授人以鱼不如授人以渔"，彰显大国担当。

从提出全球发展倡议，把粮食安全领域作为八大重点合作领域之一，到在二十国集团（G20）框架下倡议加强国际粮食安全合作，从高层互访推动农业合作到主动参与全球农业资源配置，从积极推动世界贸易组织（WTO）涉农

---

① 若泽·格拉齐亚诺·达席尔瓦. 中国为全球农业发展作出巨大贡献［N］. 人民日报，2019 - 07 - 03 (3).

规则改革到参与众多国际标准规则制定，从南南合作到全球治理，中国带动具有中国特色、国际贸易比较优势的农产品"走出去"，更带动资金、科技、人才、经验等"走出去"，为经济文化发展相对滞后的国家提供粮食紧急援助，提供涉农基础设施建设投资、涉农技术支撑、知识培训、经验传播等，为促进地区经济发展、减轻贫困、提升粮食生产能力等方面作出积极努力和重要贡献。目前，中国已与全球 140 多个国家建立长期稳定的农业合作关系，与 60 多个国家建立稳定的农业合作机制，为 80 多个发展中国家培训超过 1.4 万名杂交水稻专业技术人才，推广 1 000 多项农业技术，带动项目区内农作物平均增产 30%～60%[①]。并且与 80 个国家及 21 个国际组织签署了 543 份科技合作文件，共建 170 多个联合实验室和研究中心，加强了农业科技人才领域的交流。

　　坚持以共享成为根本目的为指导原则，是中国农业高质量发展的必须践行的重要指导原则。将中国农业发展成果惠及全世界人民，是为全球减贫事业作出重要贡献的深刻体现，是积极推动"一带一路"建设的重要表现，助力推动构建人类命运共同体。

---

① 韩杨. 全球粮食安全与农业可持续发展的中国贡献 [N]. 光明网，2023-09-17.

第 5 章
中国农业高质量发展的具体要求

随着中国经济社会的快速发展，农业在国民经济中的地位越来越重要。为了实现农业高质量发展，必须明确并坚持农业高质量发展具体要求，主要包括农业发展的绿色要求、质量要求、安全要求。

5.1 绿色要求：生态友好型农业的构建与实践

"绿色发展注重的是解决人与自然和谐问题。农业是安天下、稳民心的战略产业，是美丽中国建设和生态文明建设的重要支撑和重要载体。农业绿色发展是实现农业高质量发展和可持续发展的一个重要组成部分[①]。"建设生态文明是中华民族永续发展的千年大计，而中国农业绿色发展更是中国生态文明建设的有机组成部分。

5.1.1 优化农业生产结构，调整农作物种植结构

农业生产结构是一定地域（或农业企业）范围农业内部各生产部门的组成及其相互关系。优化农业生产结构，通过调整和改良农业生产的组织形式、布局和技术使用，提升农业生产效益和可持续发展水平。优化农业生产结构包括调整不同作物的种植面积和品种组合，根据市场需求、资源禀赋和气候条件等因素进行选择，以此来降低生产风险，提高农产品质量和产量，增加农民收入。优化农业生产结构需要依靠科技创新，采取智能农业、温室种植、节水灌溉、农业大数据和物联网等先进的农业技术和管理方法，提高生产力和资源利用效率，帮助监测和管理农业生产，提高农业生产的效益和可持续性。将农业生产与加工相结合，有效提高农产品附加值和市场竞争力。以绿色生产理念优化农业生产结构，采取可持续的农业生产方式，实施农业生态保护与复合农

---

① 张建伟，曾志庆，李国栋. 新时代农业经济高质量发展：理论阐释与逻辑机理 [J]. 农业经济，2023（4）：3-5.

业，有效提升农业生产的可持续性和环境友好性。

调整农作物种植结构，通过优化农作物的选择和种植面积的调整，适应市场需求、提高农产品质量和产量，促进农业生产可持续发展。调整农作物种植结构，需要根据区域的土壤类型、气候条件和水资源等因素，合理分配种植面积，使农作物与资源的匹配度更高，最大限度地利用土地、水源和气候等资源，优化资源利用，降低农业生产成本。根据市场需求和消费趋势，调整农作物种植结构，增加种植对应需要的农作物，减少种植需求量少的农作物，增加或减少农作物的供应量，稳定市场价格，提高农产品市场竞争力。通过调整农作物种植结构，增加绿色、有机农产品的种植面积，提高农产品的健康指数，还能够减少单一作物的种植，降低病虫害的传播风险，保障农产品的安全性。合理安排粮食作物和经济作物的种植比例，减少粮食种植对水资源的过度利用，降低土地的脆弱性和生态破坏，以及适量增加种植多年生作物和中草药植物，改善土壤质量，保护生物多样性。

优化农业生产结构，推进农作物种植结构调整，是对农业绿色发展要求的深刻践行，更是对农业高质量发展要求的深刻践行，减少传统耕地面积，增加优质粮食、蔬菜、水果等经济作物的种植面积，逐步减少农业投入品的使用，提高土地利用率，降低农业对生态环境的压力。

5.1.2　科学规划耕地，实现农业高效生产

耕地是农业生产的重要资源，必须坚持科学规划耕地，实现农业高效生产。第一，土地利用的优化配置。科学规划耕地，根据土壤类型、水资源、气候条件和地理位置等因素，对耕地进行合理配置和分配。根据土壤质量和适宜的农作物种植要求，将土地用于最适宜的农作物种植，提高农作物的产量和质量。第二，精确施肥和水肥协同。科学规划耕地，根据不同农作物的需肥需水特点，因地制宜地制定施肥和灌溉措施，通过合理施肥和水肥协同，在最佳时间、最适合的数量和最有效的方式下，提供农作物所需的水分，避免过量施肥和浪费水资源，提高农业生产效率和效益。第三，轮作和间作的合理安排。轮作是用地养地相结合的一种措施，不仅有利于均衡利用土壤养分和防治病、虫、草害，还能有效地改善土壤的理化性状，调节土壤肥力。间作是指在同一田地上于同一生长期内，分行或分带相间种植两种或两种以上作物的种植方式。科学规划耕地，合理安排农作物的轮作和间作。轮作有效减少病虫害发生的风险，改善土壤质量，并提供农田的生态系统服务；间作充分利用土地资源和空间，提高土地利用效率，增加农作物产量。第四，种植管理的科学指导。科学规划耕地需要提供种植管理的科学指导，这就包括了及时的播种、浇水、除草、农药施用和病虫害的防治等管理措施，以确保农作物的正常生长和发

育，并提高农作物的产量和质量。第五，农业技术创新和智能化应用。科学规划耕地借助农业技术创新和智能化应用，引进先进的农业技术和设备，如遥感技术、无人机、物联网和精准农业技术等，进行农作物的监测、数据分析和决策支持，提高农业生产的精细化管理水平，实现农业高效生产。

农业的绿色发展，要求通过科学规划耕地，实现土地和利用、精确施肥和灌溉、轮作和间作、科学种植管理和农业技术创新应用，最大程度发挥土地资源的潜力，提高土地利用效率，实现农业高效生产和可持续发展，提高农业产量、农业质量和农民收入，助推农业现代化和乡村全面振兴实现。

5.1.3 推进有机农业、生态农业发展，促进农业可持续发展

农业绿色发展中，推进有机农业和生态农业的发展必不可少。有机农业是指在生产中完全或基本不用人工合成的肥料、农药、生长调节剂和畜禽饲料添加剂，而采用有机肥满足作物营养需求的种植业，或采用有机饲料满足畜禽营养需求的养殖业；生态农业是按照生态学原理和经济学原理，运用现代科学技术成果和现代管理手段，以及传统农业的有效经验建立起来的，能获得较高的经济效益、生态效益和社会效益的现代化高效农业，要求把发展粮食与多种经济作物生产，发展大田种植与林、牧、副、渔业，发展大农业与第二、第三产业结合起来，利用传统农业精华和现代科技成果，通过人工设计生态工程，协调发展与环境之间、资源利用与保护之间的矛盾，形成生态上与经济上两个良性循环，经济、生态、社会三大效益的统一。

第一，在食品安全和健康方面。有机农业和生态农业中使用有机肥料、生物防治等方法，减少对化学农药和化肥的依赖，从而减少农产品中农药残留和化学物质的含量，提高食品的安全性，减少对人体潜在的危害，并提供更加健康的食品选择。第二，在环境保护方面。有机农业和生态农业的核心理念是生态平衡和可持续发展，有机农业和生态农业倡导保护自然以及促进土壤质量改善、水资源保护等，通过合理的农业管理，减少化学农药和化肥对土壤、水体等造成的污染，这有助于保护生态系统的健康，维护生物多样性，并减少对全球气候变化的负面影响。第三，在土壤保护和改良方面。有机农业和生态农业强调土壤生态系统的重要性，注重保护和改良土壤，通过合理的有机肥料使用、绿肥轮作、有机物添加等措施，有机农业和生态农业有助于提高土壤的有机质含量、保持土壤湿度、增加土壤肥力，改善土壤结构，降低土壤侵蚀和水土流失风险，并保护土壤生物多样性和微生物活动，促进土壤健康和可持续利用。第四，在生物多样性保护方面。有机农业和生态农业的发展能保护农田周边的自然生态环境，致力于维护生态系统的完整性和生物多样性，通过创建农田边界的生态廊道、保留天然生态景观和生态环境，提供不同类型的栖息地和

食物供应地，为各种野生植物、昆虫和鸟类等提供生存和繁衍的机会，维持生物多样性的稳定。第五，在水资源保护方面。有机农业和生态农业注重合理的水资源利用和保护，通过降低灌溉水需求、改进灌溉技术、合理调整农作物种植结构等措施，减少对地下水和水体的过度抽取和污染。同时，采用自然的水循环和保护水源涵养区，减少非点源的水资源污染，保护水生态系统和水资源的可持续供应。第六，在农村经济发展方面。有机农业和生态农业有效提高农产品的附加值和市场竞争力，促进农村经济可持续发展。这些农业模式通常需要劳动力密集型的管理和生产方式，提供更多的就业机会，并促进农村地区农业产业结构的优化和多样化，促进农村经济的可持续发展。

推进有机农业、生态农业等农业模式，减少农业对环境的负面影响，维护生态系统的稳定和生物多样性，实现农业可持续发展。农业发展和生态环境保护是相辅相成的关系，只有实现农业可持续发展，才能实现生态文明建设的目标。农业的绿色发展要求，能保护农业生态系统的稳定性，为农业的长期发展提供支撑。农业绿色发展为中国生态文明建设提供技术和方法，既推动我国农业发展迈向更高层次，又能够实现经济效益、社会效益和生态效益共赢的局面，为中国生态文明建设贡献重要力量。

5.1.4 坚持农业绿色发展原则，践行生态文明建设理念

随着社会经济发展和生态环境问题日益突出，农业绿色发展成为当今世界各国共同关注的议题。国内有关学者指出："农业绿色发展应遵循因地制宜、分类施策，资源节约、环境友好，产业闭合、绿色主导，创新驱动、科技支撑四大原则[①]。"农业绿色发展旨在保障农产品质量，最大程度地减少对生态环境的负面影响，提高农业生产效益，实现可持续发展。要实现这一目标，结合中国农业高质量发展的现实状况，要坚持农业绿色发展原则。

第一，坚持科学种植规划与调控原则。农业绿色发展离不开科学的种植规划与调控，要合理选择作物种类和品种，适应当地气候、土壤和水资源条件，因地制宜，最大程度与地区种植条件相适应；要进行精细化管理，合理安排种植密度、施肥和灌溉等，并根据作物生长周期和需求进行科学的分时段管理，通过科学种植规划与调控，有效提高农作物的产量和品质。第二，坚持推广绿色农业技术原则。绿色农业技术是农业绿色发展的关键，绿色农业技术强调减少化肥、农药和农膜等的使用，采取生态友好的耕作方式，减少对土壤和水环境的污染。通过合理的农田规划和农作物轮作，提升农田生

---

① 尹昌斌，李福夺，王术，等. 中国农业绿色发展的概念、内涵与原则［J］. 中国农业资源与区划，2021，42（1）：1-6.

• 63 •

态系统的稳定性和复原力。例如，利用生物有机肥代替化肥，推广有机农业和生态农业模式，利用生物防治技术控制害虫和病害。此外，还利用节水技术和节能技术来实现资源的有效利用。第三，坚持加强农产品质量监管与标准体系建设原则。农业绿色发展需要健全的质量监管与标准体系，政府应加强对农产品的质量检测和监管，确保农产品的安全和可追溯性。同时，要建立健全农产品质量标准体系，提高农产品的质量水平。通过加强监管和建立标准体系，可以提高农产品的市场竞争力，促进农业绿色发展。第四，坚持积极推动农业科技创新的原则。农业科技创新是农业绿色发展的重要支撑，政府应该加大对农业科研的投入，培育科研人才，推动农业科技成果的转化和应用。同时，要鼓励农民参与农业科技创新，提高农民的科学素养和创新能力，通过科技创新的推动，提高农业生产效益，保障农产品质量和安全。第五，坚持加强农业可持续发展意识的原则。农业绿色发展要坚持可持续发展的理念，要在农业生产中注重保障生态环境，合理利用资源，保护土壤和水资源，促进农业和自然生态的协调发展。同时，要关注农民的生活和权益，推动农民增收致富，实现农村社会经济可持续发展。只有注重可持续发展，才能真正实现农业绿色发展。

农业绿色发展要求实现经济效益、社会效益和生态效益的统一，既要增加农产品产量，又要保持农产品质量和生态环境的健康。同时，农业绿色发展是在保护生态环境的前提下，采用绿色、可持续的生产方式，实现农田高效利用和农产品质量安全的发展模式。坚持农业绿色发展的原则，推动农业实现可持续发展，保障粮食安全，改善农产品质量，减少对环境的污染，促进农民增收致富。农业绿色发展也迫切需要政府、科研机构、农民和企业等社会各界的共同努力，形成合力，共同推动农业绿色发展的良性循环，为农业发展创造更加美好的前景。

5.2 质量要求：农产品品质提升与标准化生产

中国农业走质量兴农之路，更加强调农业发展的高质量，包括农业生产、农产品质量、农村基础设施建设和公共服务体系、农民素质和创新能力等，要求从多个方面来践行农业发展的高质量要求，推动农业现代化发展。

5.2.1 实现农业生产的规模化和集约化

实现农业生产的规模化和集约化是提高农业效益、增加农产品供应和实现农业可持续发展的重要途径。第一，在技术创新和现代化管理方面，引入先进的农业技术和管理方法，如机械化、自动化、信息化等，提高农业生产效率和管理水平，利用现代农业设施和技术，如温室、智能灌溉、精准施肥等，实现农作物的规模化种植和集约化管理。第二，在优化种植结构方面，根据市场需求和经济效益，调整农作物种植结构，合理选择适宜的农作物品种和优势作物，提高土地利用效率和农产品产量，以此实现农业规模化经营，提高农业生产的规模效益。第三，在合作社方面，组织农民建立农业合作社，实现农业生产的规模化和集约化。合作社整合农民资源、技术、资金等要素，提高农业生产的规模和效益，并通过规模化采购、农产品加工、销售等环节，增加农产品附加值和市场竞争力。第四，在政策支持和金融服务方面，通过加强政府对农业生产规模化和集约化的支持，推出相关政策和措施，如土地流转、农业保险、贷款优惠等，减小农民的生产经营风险，鼓励农业现代化和规模化经营。同时，提供金融服务和支持，为农业生产提供资金支持和融资渠道，推动农业生产的规模化和集约化发展。第五，在农业社会化服务和农业龙头企业方面，发展农业社会化服务组织和农业农村龙头企业，通过提供农业生产资料供应、技术培训、农产品收购等服务，引导和帮助农民实现规模化和集约化经营。农业社会化服务组织和农业龙头企业能够整合资源、技术和市场渠道，推动农业产业协同发展，实现农业生产的规模效益和经济可持续发展。

农业高质量发展，需要依靠现代科技手段，提高农业生产的效率和产出。实现规模化生产、集约化生产也需要加强农业信息化建设，利用先进的农业技术和管理方法，提高农业生产的精细化水平，以此实现农业高质量发展的要求。

5.2.2　实现农业安全生产和提升农产品质量

实现农业安全生产和提升农产品质量是实现农业高质量发展的关键要求。第一，强化农业生产管理。加强农业生产的规范化和监管，建立健全农业生产标准和体系，推广良好农业规范（GAP）和有机农业等管理模式，强化对农业从业人员的培训和指导，确保农业生产过程中的安全和质量。第二，加强农产品质量监测和检测。建立健全农产品质量监测和检测体系，通过抽检、抽样监测、农产品质量追溯等手段，对农产品的质量进行监管和控制，及时发现和处理农产品安全和质量问题，保护消费者权益。第三，推动科技创新和优质品种培育。加强农业科技创新，推动农业高新技术和前沿技术的研发和应用，提高农产品的品质、产量和抗逆性，加强对优质农产品品种的选育和推广，提高农产品的营养价值，满足消费者不断增长的需求。第四，加强农产品质量标准和认证体系建设。建立适应现代农业发展需求的农产品质量标准和认证体系，以确保农产品的安全、质量和可追溯性，通过认证和标识，增加消费者对农产品的信任度，提高农产品的市场竞争力和附加值。第五，提升生产者意识和能力。加强对农业从业者的培训和引导，提高他们的安全意识和质量意识，培养农业从业者的专业技能和管理能力，推动农业从业者采用先进、科学的生产技术和管理方法，确保农产品的质量和安全。

因此，农业高质量发展必须注重农产品的质量和安全，注重农产品质量监管体系建设，推行农产品品牌战略，提高农产品的附加值和竞争力。同时，要加强农产品安全生产管理，完善农产品质量安全标准体系，加强对农药等农业投入品的监管，确保农产品符合食品安全要求。

5.2.3 构建现代农业产业体系与价值链

构建现代农业产业体系与价值链是农业高质量发展的核心路径之一，其本质是通过优化农业产业结构、延伸产业链条、提升价值链水平，实现农业增效、农民增收和农村繁荣。这一过程不仅涉及农业生产方式的转型升级，还涵盖农业组织形式的创新、农业科技的深度融合以及农业与第二、第三产业的协同发展等。第一，推动农业多元化发展，优化升级农业产业结构。根据区域资源禀赋和市场需求，调整农业产业结构，发展特色农业、功能农业和高效农业。具体而言，可以通过推动粮食作物与经济作物的协调发展、种植业与养殖业的有机结合，形成多元化的农业产业格局。例如，在粮食主产区，可以通过推广优质专用粮食品种，提升粮食生产的附加值；在经济作物优势区，可以发展高附加值的经济作物，如中药材、花卉、水果等，满足市场多样化需求。此外，还应注重农业与生态、文化、旅游等产业的融合，发展休闲农业、观光农业等新业态，拓展农业的多功能性。第二，延伸农业产业链，提升农业附加值。农业产业链的延伸是构建现代农业产业体系的关键环节。通过发展农产品加工业、仓储物流业和农业服务业，延长农业产业链，可以有效提高农产品的附加值，增强农业的市场竞争力。具体措施包括：一是推动农产品加工业向精深加工方向发展，开发高附加值的农产品加工产品，如功能性食品、保健食品等；二是完善农产品仓储物流体系，建设冷链物流设施，减少农产品流通损耗，提高流通效率；三是发展农业社会化服务，为农业生产提供技术、信息、金融等全方位服务，降低农业生产成本，提高生产效率。第三，提升农产品附加值，打造农业品牌。通过品牌建设、质量认证和市场推广，提升农产品的市场竞争力和附加值，是实现农业价值链升级的有效途径。具体而言，可以通过推动农产品地理标志认证、绿色食品认证和有机食品认证，打造具有地域特色的农产品品牌，满足消费者对高品质农产品的需求。此外，还应加强农产品质量追溯体系建设，利用区块链等技术手段，实现农产品生产、加工、流通全过程的透明化管理，提高消费者对农产品的信任度。第四，推动农业数字化转型，构建智慧农业体系。大数据、物联网、区块链等现代信息技术，推动农业生产、经营、管理和服务的数字化转型，是实现农业高质量发展的重要手段。比如通过建设智慧农业平台，实现农业生产全过程的精准化管理，提高资源利用效率和劳动生产率，以及推广农业物联网技术，实时监测农田环境、作物生长和畜禽健康状况，为农业生产提供科学决策支持等。第五，加强国际合作，提升农业国际竞争力。农业高质量发展离不开国际市场的参与和国际合作的深化。通过加强与国际农业组织和企业的合作，引进先进技术和管理经验，提升中国农业的国际竞争力。具体而言，可以通过参与全球农业产业链分工，推动农产品国际贸易，拓展海外市场；同时，还可以通过加强农业科技合作，推动农业技术的国际转移与应用，提升中国农业的科技创新能力。

5.2.4　完善农村基础设施建设和公共服务体系

完善农村基础设施建设和公共服务体系对农业的高质量发展具有重要作用。第一，提升生产效率。良好的农村基础设施建设，如道路、灌溉、排水和电力等设施，提供便捷和稳定的基础服务，改善农业生产条件。优质的基础设施将提高农田水利设施的效率，降低灌溉和排水成本，提高土地利用率，从而提高农业生产的效益和质量。第二，优化资源配置。农村基础设施的完善，促进农村地区资源的优化配置。例如，道路的畅通将方便农产品运输，加快流通速度，减少运输损耗和成本；电力供应的可靠性将促进农村地区的农业机械化和农产品加工，提高劳动生产率和降低生产成本。第三，促进农村经济多元化。完善农村基础设施为农村经济的多元化提供支持。良好的交通和电力设施将有助于发展农产品加工业、农村旅游业和农产品电子商务等产业，扩大农村经济发展的领域和范围，增加农民的收入和就业机会。并且，农业产业高质量发展也需要通过农村经济多元化发展来提高农村经济的总体效益，加快农村产业结构调整，促进农村一二三产业融合发展，培育新型农业经营主体，推动农村产业向高附加值、环境友好型发展。第四，提升农村生活品质。完善农村公共服务体系，如教育、医疗、文化和社会保障等，提供丰富的公共服务和社会保障，提升农村居民的生活品质，而教育和培训设施的完善将提高农民的知识水平和技能水平，促进农业生产的现代化和科技创新。

在农业的高质量发展要求中，完善农村基础设施建设和公共服务体系的建设，是实现农业、农村、农民相结合、相协调的重要举措。在农业高质量发展中，离不开农村这个主要环境，更离不开农民这个主体，只有三者相互协调、相互促进，才能实现农业的高质量发展要求。

5.2.5　提升农民素质和创新能力

农业产业高质量发展需要依靠农民的智慧和创造力，农民要有科学技术水平和管理能力，要有创新意识和创业能力，并且适应现代农业发展需求，积极参与现代农业的生产经营活动。第一，提高农业生产技能。提升农民的专业知识和农业技能，提高农业生产的质量和效率，通过农业技术培训和技术指导，农民学习到更科学的种植、养殖和管理技术，掌握高效农业生产技能，有效应对农业生产中的各种问题和挑战。第二，引导创新意识和实践。培养农民的创新意识和实践能力，激发农民的创新潜力，推动农业科技创新和农业生产方式的改进，通过引导农民参与农业技术研发、试验示范和农业社会化服务等活动，让农民从实践中积累经验和知识，培养解决问题的能力和创新能力。第三，提升农户经营管理水平。提升农民的经营管理水平，更加高效地组织生产和管理农业企业，通过提供相关培训和指导，帮助农民了解市场需求和农产品品质标准，学习经营管理知识和技能，提高市场营销能力和决策水平，有效规避市场风险，提升农产品竞争力。第四，推动农业科技创新和转化。提升农民的科技意识和科研能力，促进农业科技创新的发展和科技成果的转化，鼓励农民参与农业科研活动，支持他们从实践中总结经验，提出创新性解决方案，推动科研成果的应用和转化，提高农业生产的创新能力和科技含量。第五，增强农民组织和合作能力。农民具备组织和合作能力，推动农民组织的发展，促进农村社会经济的协同发展，通过农民专业合作社、农业社会化服务组织等形式，加强农民之间的交流与合作，推动资源的整合和优势互补，提高农业生产的经济效益。第六，培养农民的农业可持续发展意识。农民具备农业可持续发展意识，促进农民关注生态环境和资源保护，在农业生产中采用可持续农业管理方法和技术，实现农业高质量发展和生态环境的协同发展。

提升农民素质和创新能力，是实现农业高质量发展要求的重要环节。农民是农业生产的主体，是农业发展的重要因素，从提升农民素质和农民的创新能力出发，有效推动农业的高质量发展，推动中国农业的现代化发展。

5.3 安全要求：农业安全保障与风险管理

农业作为国民经济的基础，其发展一直是关注的重点。在农业发展的过程中，安全要求是至关重要的，并且农业发展的安全要求是关系到国计民生的重大问题。只有全面考虑农业发展的安全要求，才能实现农业的可持续发展，为国民经济的发展作出更大贡献。

5.3.1 农业安全是农业发展的基础

在农业发展的安全要求下，必须坚持农业安全是农业发展的基础。第一，稳定粮食供给。农业安全是保障粮食供给的重要前提，粮食是人类的基本生活需求，保障粮食安全是确保人口获得足够食物的基础，稳定的粮食供给是国家经济和社会稳定的重要保障。第二，维护农户权益。农业安全的实现，必须关注农民的权益，保障农民的土地权益、经营权益以及劳动权益，为农民提供稳定的收入和社会保障，使其有较好的生产条件和发展空间，投入更多的精力和资源来从事农业生产。第三，保障农产品质量。农业安全关乎农产品的质量和安全，其重要性不言而喻。符合食品安全标准的农产品对保护消费者权益、提升国民健康水平具有重要意义，同时也提升了农产品在市场竞争中的竞争力，促进农业的可持续发展。第四，生态环境保护。农业发展必须有良好的生态环境作为支撑，农业安全包括对农业生态环境的保护和治理，如土壤保护、水资源合理利用、农药和化肥使用的安全控制等，只有保护好生态环境，才能保证农业的可持续发展。第五，提升经济效益。农业安全的实现对农业经济的发展至关重要，通过提高农业生产技术水平、推广高效安全的农业模式和农业科技创新，安全又有效地提升农业生产效率和农产品质量，进而提高农业产值和农民收入，促进农村经济的繁荣。第六，提高农业国际竞争力。农业安全是提高农产品国际竞争力的重要保障，国际市场对农产品的质量和食品安全要求越来越高，坚持农业安全，有效推动农产品向高品质、高附加值方向发展，增强农产品的市场竞争力，开拓国际市场，促进农业的外贸出口。

因此，只有坚持农业安全，才能有效维护粮食安全、保障农户权益、保护农产品质量、保护生态环境、促进农村经济繁荣以及提高农业国际竞争力，才能逐步实现农业的高质量发展。

5.3.2　加强农业风险管理

农业风险是人们在从事农业生产和经营过程中所遭受的不可抗力的不确定事件。农业区别于其他行业的特点是农业的主要活动都是在露天进行的，这就决定了农业的生产、经营活动更直接和紧密地依赖于自然界的力量，也最易受自然界的影响，在人类拥有的知识技术手段还未能更好地克服自然界的影响时，农业已成为自然风险最大最集中的行业。农业发展应建立有效的农业风险管理机制，预测和应对农业生产中可能出现的风险和挑战，包括自然灾害、病虫害、市场波动等。

加强农业风险管理，有效预防和应对自然灾害、气候变化等因素对农业生产造成的影响，确保粮食生产的稳定性和可持续性，进而保障国家粮食安全。农业是农民的重要经济来源，采取风险管理措施，如农业保险、农业补贴等，减轻农民因自然灾害或市场变动等导致的经济损失，保障农民的收入稳定。在农业风险管理的过程中，加强对农产品的质量和安全管理，对农业生产环节进行监管和控制，提高农产品的质量和安全水平。农业风险管控帮助农民和农业企业规避和化解风险，提高农产品产量和质量，降低生产成本，增加农产品的市场竞争力，拓展农产品的销售渠道，提高农业的收益和效益。从发展趋势来看，未来农业风险管理发展方向，一是智能化风险管理，借助人工智能、大数据等技术，实现农业风险的智能化识别、预防和应对，提高风险管理效率。二是精准农业，通过精准播种、精准施肥、精准灌溉等技术手段，减少农业生产中的不确定性，降低风险。三是农业保险制度的完善，进一步完善农业保险制度，扩大保险覆盖面和提高保障水平，降低农业经营者的经济损失。四是风险管理教育和培训，增强农民的风险意识，培养农民风险管理的能力和素质，使其更好地应对各类风险。农业风险管理是保障农业健康发展的重要手段。在传统风险管理的基础上，未来农业风险管理将朝着智能化、精准化、完善保险制度、增强农民风险意识和能力等方向发展。只有通过全面、科学的风险管理，才能确保农业的可持续发展，保障农民的收益，促进农业经济的繁荣。

5.3.3　坚持农业科技创新

农业发展应依靠技术创新，推广先进的农业技术和设备，提高农业生产效率和质量，增强农业生产的竞争力和适应性。随着科技的飞速发展，农业科技创新已成为推动农业发展的新动力。农业科技创新有其重要性，一是提高农业生产的产量，通过引入新型种子、肥料和灌溉技术，提高作物产量，满足日益增长的需求。二是改善农产品品质，农业科技创新有助于提高农产品的营养价值，增加附加值，提高农民收入。三是具备环保可持续，借助绿色能源、智能农机具和病虫害防治技术，实现资源节约和环境友好型农业。

农业科技创新作为国家粮食安全与农业可持续发展的战略支点，其核心价值在于通过技术范式突破重构农业生产系统的安全阈值。在全球化进程发展与气候变化双重背景下，传统农业模式正面临三重刚性约束：其一，人口增长与耕地污染减少的剪刀差持续扩大；其二，农业生产系统遭遇生态阈值突破风险，化肥农药导致的土壤板结、生物多样性衰减等累积性生态损伤已威胁农业再生产基础；其三，全球农业技术竞争格局呈现新特征，种质资源控制权与生物技术专利壁垒成为国际博弈焦点。在这些挑战下，科技创新成为破解"资源诅咒"与"技术锁定"的关键变量。

坚持农业科技创新，是实现农业发展的安全要求的重要环节。第一，基因编辑技术如 CRISPR - Cas9 为农业带来了革命性的变化，通过精确地编辑植物基因，培育出具有更高产量、更强的抗逆性、更耐储存的作物，并且这种技术已经成功地应用于水稻、小麦、大豆等主要农作物，显著提高了农作物的抗病性和抗旱性，降低了化肥和农药的使用量，从而减少了农业污染，保护了生态环境。第二，物联网和人工智能的应用在农业中发挥了重要作用，通过智能传感器和数据分析，实时监测作物的生长环境，如温度、湿度、光照、土壤养分等，从而提供精准的农业管理。同时，人工智能的应用也使得自动化和机械化的农业生产成为可能，大大提高生产效率。第三，生物技术的应用正在改变传统的农业生产方式。例如，生物农药和生物肥料的使用，不仅减少了化学农药和化学肥料的用量，减少了对环境的污染，还提高了农作物的产量和质量。此外，生物技术正在推动转基因作物的研发，为解决全球性的粮食安全问题提供新的可能。

当前，农业科技趋势主要表现在：一是在生物技术方面，将基因编辑技术广泛应用于育种，提高作物的抗逆性、耐旱性和营养价值。二是在智能农业方面，应用物联网、大数据和人工智能等实现精准种植、智能灌溉和病虫害预警。三是无人机与无人农机方面，应用无人机监测土壤墒情、喷洒农药等；应用无人农机实现自动化作业，提高生产效率。总的来说，农业科技创新正在改变农业生产方式，为世界农业描绘出新的篇章。然而，我们也需要谨慎对待科技在农业中的应用，以确保其安全性、可持续性和生态友好性。只有这样，我们才能真正实现农业的现代化和可持续发展，实现中国农业高质量发展。

第 6 章

中国农业高质量发展的现状分析

2022 年，中央农村工作会议强调："进入新时代，党中央坚持高度重视'三农'工作的传统，在新中国成立以来特别是改革开放以来工作的基础上，通过开展脱贫攻坚、实施乡村振兴战略等，用有限资源稳定解决 14 亿多人口的吃饭问题，全体农民摆脱绝对贫困、同步进入全面小康，'三农'工作成就巨大、举世公认。"随着农业绿色发展、高质量发展的推进，这些年中国农业面源污染治理取得突破、生态农业发展上扬、农业科技创新蓬勃发展、农村经济结构调整取得显著成效等，这都体现了中国农业高质量发展的愿景和努力，为农民的福祉和农业的可持续发展做出了积极贡献。

6.1 总体情况：契机与考验并存的现实

党的二十大报告擘画了全面建设社会主义现代化国家新的宏伟蓝图，为农业绿色发展指明了奋斗方向，在党的二十大报告中指出，"中国式现代化是人与自然和谐共生的现代化"，"必须牢固树立和践行绿水青山就是金山银山的理念，站在人与自然和谐共生的高度谋划发展"。2022 年，中央农村工作会议进一步指出"坚持绿色发展是农业的底色、生态是农业的底盘。必须摒弃竭泽而渔、焚薮而田、大水大肥、大拆大建的老路子，实现农业生产、农村建设、乡村生活生态良性循环，生态农业、低碳乡村成为现实，做到资源节约、环境友好，守住绿水青山"。"农业是现代经济体系的基础性支柱，在我国经济向高质量发展转变的过程中，必然对经济领域的农业等产业提出相应转变的要求，即由追求速度、规模向注重质量、效益与竞争力转变，由依靠传统要素驱动向强调科技创新和提高劳动者素质转变，由产业链相对单一向集聚融合发展转变[①]。"中国作为农业大国，农业有着悠久的发展历史。新中国成立 70 多年以

[①] 张永江，袁俊丽，黄惠春. 农业强国推动经济高质量发展的理论逻辑与实践路径 [J]. 经济学家，2023 (1)：119 – 128.

来，在中国共产党的领导下，中国社会经济发生了巨大的改变，中华民族实现了从站起来到富起来、再到强起来的伟大飞跃。中国农业逐渐走向更加注重绿色健康、更加注重质量、更加注重生态环保的发展之路，向农业高质量发展大步迈进。

6.1.1　基础情况

农业是我国的第一产业，从 2018 年到 2022 年，我国第一产业增加值不断上升（表 6-1）。我国经济从快速发展转到稳步发展，坚持稳中有进，农业作为国民经济的基础，发展也正是稳中有进。

表 6-1　2018—2022 年我国第一产业增加值

年份	第一产业增加值（亿元）
2018	64 745
2019	70 467
2020	77 754
2021	83 086
2022	88 345

数据来源：国家统计局。

在农业高质量发展中，农业机械化是必不可少的，农业机械是提升农业生产力的重要工具，是推动农业高质量发展的重要支撑。根据国家统计局数据，从 2018 年至 2022 年，我国农业机械拥有量逐年增加，农业机械化正在逐渐发展，有利于提高农业生产效率（表 6-2）。

表 6-2　2018—2022 年我国主要农业机械拥有量

指标	2018 年	2019 年	2020 年	2021 年	2022 年
农用机械总动力（万千瓦）	100 371.74	102 758.26	105 622.15	107 764.32	110 597.19
农用大中型拖拉机数量（台）	4 219 893	4 438 619	4 772 737	4 980 682	5 253 595
小型拖拉机数量（台）	18 182 601	17 804 249	17 275 995	16 749 904	16 186 963
大中型拖拉机配套农具（部）	4 225 657	4 364 677	4 594 418	4 796 902	5 259 970

数据来源：国家统计局。

从 2018 年至 2022 年，我国农用化肥逐渐减少使用，复合肥使用量逐渐增加，农业绿色发展、清洁环保发展逐步实现，为农业高质量发展奠定良好的基础（表 6-3）。

表 6-3　2018—2022 年我国农业有效灌溉面积、农用化肥施用量

指标	2018 年	2019 年	2020 年	2021 年	2022 年
有效灌溉面积（万公顷）	6 827.164	6 867.861	6 916.052	6 960.948	7 035.887
农用化肥施用折纯量（万吨）	5 653.42	5 403.59	5 250.65	5 191.26	5 079.20
农用氮肥施用折纯量（万吨）	2 065.43	1 930.21	1 833.86	1 745.32	1 654.18
农用磷肥施用折纯量（万吨）	728.88	681.58	653.85	627.15	563.19
农用钾肥施用折纯量（万吨）	590.28	561.13	541.91	524.75	493.16
农用复合肥施用折纯量（万吨）	2 268.84	2 230.67	2 221.02	2 294.04	2 368.68

数据来源：国家统计局。

同时，我国农作物总播种面积在逐年增加，粮食作物播种面积逐渐增长，粮食产量也在增加，我国粮食正在实现连年大丰收，是保障我国粮食安全的重要基础，农业生产成果呈良好态势（表 6-4）。我国的农作物包含了水果、畜产品、水产品、粮食、花卉、油料等，数量种类繁多。2022 年，全国农作物播种面积为 25.5 亿亩。在农业生产中，大中配套农具、小型拖拉机、手扶变型运输机、柴油发动机、节水灌溉类等机械广泛使用，2022 年全国农用机械总动力为 11.06 亿千瓦。在中国农业的发展中，机械化投入不断增加，是实现农业现代化发展要求的重要体现。2022 年，全国累计建成 10 亿亩高标准农田。例如，在贵州省市农业农村等部门指导下，贵州省凤冈县以"双有机"（全域有机、全产业链有机）为引领，立足资源禀赋，围绕主导产业，着力推进"四大工程"（绿色产业打造工程、绿色环境营造工程、绿色制度创设工程、绿色品牌塑造工程），积极探索"绿水青山就是金山银山"的凤冈实践，在推进农业绿色发展、促进乡村振兴道路上迈出了重要步伐[①]。再如，山东省齐河县"健康农田"技术模式、上海市松江区优质稻米"减肥减药"技术模式、青海省刚察县"农牧耦合＋草畜联动"模式等 10 项地区农业绿色发展技术集成模式，为推动技术创新和应用提供借鉴[②]。中国农业正在不断夯实农业"绿色"基底，推动中国农业高质量发展在现阶段稳步前进。

表 6-4　2018—2022 年我国农作物总播种面积、粮食作物播种面积以及粮食产量

指标	2018 年	2019 年	2020 年	2021 年	2022 年
农作物总播种面积（万公顷）	16 590.238	16 593.066	16 748.714	16 869.513	16 999.092
粮食作物播种面积（万公顷）	11 703.821	11 606.36	11 676.817	11 763.082	11 833.211
粮食产量（万吨）	65 789.22	66 384.34	66 949.15	68 284.75	68 652.77

数据来源：国家统计局。

---

① 资料来源于《中国农业绿色发展报告 2019》。
② 资料来源于《中国农业绿色发展报告 2020》。

当前，中国农业不断发展，2013—2022 年我国农业进出口总额逐渐增加，从 2013 年的 1 866.92 亿美元增加到 2022 年的 3 372.38 亿美元（表 6-5）。我国农产品正在逐渐走向国际，农产品的进口额一直远高于出口额，我国农产品对国外市场还有一定的依赖性。并且从图 6-1 能够看出，我国农产品的进出口差额不断增加，进口农产品增长趋势更加明显，我国农产品的市场竞争力还有待增强。

表 6-5　2013—2022 年中国农产品对外贸易年度变化情况

年份	进出口总额（亿美元）	占全部商品比重（%）	出口额（亿美元）	进口额（亿美元）	出口－进口（亿美元）
2013	1 866.92	4.49	678.25	1 188.67	−510.42
2014	1 944.99	4.52	719.60	1 225.38	−505.78
2015	1 875.62	4.74	706.82	1 168.81	−461.99
2016	1 845.55	5.01	729.86	1 115.69	−385.83
2017	2 013.88	4.90	755.32	1 258.56	−503.24
2018	2 177.08	4.71	804.48	1 372.60	−568.12
2019	2 300.68	5.03	790.98	1 509.70	−718.72
2020	2 485.43		765.31	1 720.11	−954.80
2021	3 064.67		850.05	2 214.61	−1 364.56
2022	3 372.38		993.18	2 379.20	−1 386.03

数据来源：海关总署、农业农村部。

图 6-1　2013—2022 年中国农产品对外贸易年度变化趋势

数据来源：海关总署。

图 6-2 中的数据显示，2022 年，中国主要出口的农产品是水产品和蔬菜，占比分别为 22.35%、17.34%；中国主要进口的农产品是食用油籽和畜产品，占比分别为 27.67%、21.67%。中国的食用油籽、畜产品、谷物等农

产品还在大量依赖进口，国内生产还有所不足。

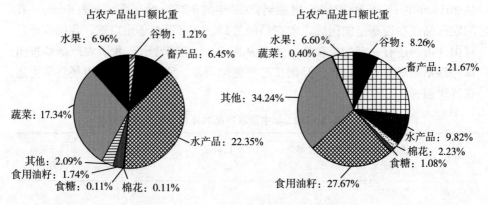

图6-2 2022年中国主要农产品进出口额情况
数据来源：海关总署。

从2022年中国农产品主要贸易对象来看，图6-3和图6-4的数据显示，在进口方面，中国主要是从巴西、美国进口，其进口额占比分别为22.06%、17.70%。在出口方面，中国农产品出口主要面向了中国香港、日本、美国、韩国、越南、马来西亚、泰国等地区，其中向中国香港、日本以及美国的出口额位居前三，占比分别为11.52%、10.71%、10.42%。

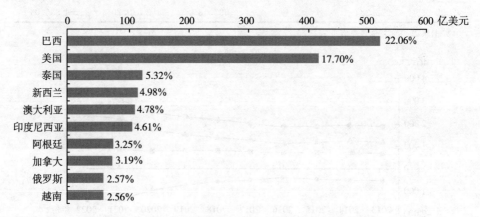

图6-3 2022年中国农产品进口主要来源地及进口额
数据来源：海关总署。

6.1.2 主要优势

随着社会经济的发展和人民生活水平的提高，人们对食品安全和环境保护的要求也越来越高。农业作为国民经济的基础产业，在这充满机遇和挑战的时

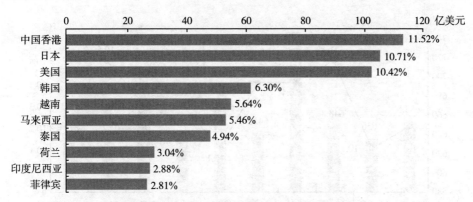

图 6-4 2022 年中国农产品出口主要市场及出口额

数据来源：海关总署。

代，中国农业发展是一种必然趋势，也有其主要优势。

第一，中国农业高质量发展的生产优势。丰富的资源给农业发展提供了生产优势。中国土地资源丰富，拥有广阔的土地资源，包括耕地、林地、草地等，这为农业绿色发展提供了广阔的空间和潜力；中国的水资源多样，拥有丰富的水资源，不同地区的水资源状况和特点各不相同，这为发展不同类型的绿色农业提供了有利条件，表 6-6 的数据显示，从 2013 年至 2022 年，这 10 年我国农业用水占总用水量的比重都超过了 60%，农业生产中水资源不可缺少；中国的气候条件适宜，图 6-5 的数据显示，在近 10 年的气象数据中，中国全年平均气温 10℃以上，并且拥有多样化的气候条件，包括温带、亚热带、热带等气候类型，这为不同地区发展不同类型的绿色农业提供了适宜的气候条件。这些都为农业生产奠定了良好的基础。

表 6-6 2013—2022 年全国水资源使用量年度情况

年份	水资源总量 （亿米³）	用水总量 （亿米³）	农业用水量 （亿米³）	农业用水占 总用水量比重（%）
2013	27 958	6 183	3 922	63.42
2014	27 267	6 095	3 869	63.48
2015	27 963	6 103	3 852	63.12
2016	32 466	6 040	3 768	62.38
2017	28 761	6 043	3 766	62.32
2018	27 463	6 016	3 693	61.39
2019	29 041	6 021	3 682	61.16
2020	31 605	5 813	3 612	62.14
2021	29 638	5 920	3 644	61.56
2022	26 634	5 998	3 781	63.04

数据来源：国家统计局。

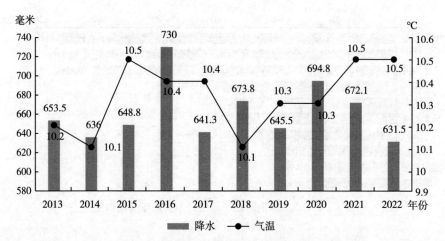

图 6 - 5　2013—2022 年全国气温、降水年度变化情况

数据来源：中国气象局。

第二，中国农业高质量发展的政策支持。国家对农业农村农民问题始终高度关注，从 1982 年的第一个中央一号文件开始，每年的中央一号文件都是关于"三农"问题。在改革开放的初期主要是强调要加快农业发展，对农业生产责任制、农产品价格不断规范与调整。在 1983 年的中央一号文件中，强调农业技术的改造要有自己的特色，这是走中国特色社会主义道路的重要体现，中国农业的发展必须具有中国特色，农业技术的改造与发展也必须根据农业自身的发展状况来进行。在进入新时代以前，中央一号文件对农业发展的政策支持都主要体现在农业的经济效益、农业产业结构、农产品质量安全、粮食生产、农田水利等方面，并开始逐步推动了农业水利化、机械化、信息化的发展，推动农业逐步走向现代化发展。在进入新时代以后，中央一号文件等政策文件的颁布，更加注重推动农业供给侧结构性改革，转变农业发展方式，加强农业科技创新。结合现代信息技术，发展智慧农业、生态农业、绿色农业等新的农业形态，推动农业向绿色化、生态化、高质量发展。2020 年 9 月中国明确提出 2030 年碳达峰与 2060 年碳中和目标，中国与世界一同呼吁保护生态环境，保护人类的生产生活环境。推动中国农业更加注重绿色发展、高效发展，来维护人类共同的生存环境。

第三，中国农业高质量发展的制度优势。一是坚持党的集中统一领导。2018 年中共中央、国务院发布的《关于实施乡村振兴战略的意见》指出："坚持农业农村优先发展，把实现乡村振兴作为全党的共同意志、共同行动，做到认识统一、步调一致，在干部配备上优先考虑，在要素配置上优先满足，在资金投入上优先保障，在公共服务上优先安排，加快补齐农业农村短板。"这一要求充分体现了党中央对"三农"工作的高度重视，对做好新时代"三农"工作具有重大意义。科技创新是推进农业高质量发展的根本动力。我国已建立了较为完善的农业科技创新制度体系，包括基础研究、技术研发、成果转化、推广应用等环节，为农业高质量发展提供了有力支撑。"中国开放的大门不会关闭，只会越开越大。"中国积极参与全球农业治理，加强与国际社会的合作，推动建立更加公平合理的全球农业治理体系，为推进农业高质量发展营造良好的国际环境。以习近平同志为核心的党中央，始终坚持农业农村优先发展，坚持党中央集中统一领导，推动农业现代化发展，推动农业科学技术不断进步，领导中国农业高质量发展。二是坚持社会主义基本经济制度。坚持公有制经济为主体，多种所有制经济共同发展；坚持按劳分配为主体，多种分配方式并存；坚持社会主义市场经济体制。在社会主义基本经济制度下，坚持公有制为主体、多种所有制经济共同发展的基本经济制度，为农业高质量发展提供了制度保障。在社会主义市场经济体制下，国家对农业进行宏观调控，确保农业生产的稳定发展。国家鼓励和支持各种所有制经济在农业领域发展，形成多元化的投资主体和经营主体，为农业高质量发展提供了多元化的市场主体和竞争机制。坚持按劳分配为主体、多种分配方式并存的分配制度，为农业高质量发展提供了激励机制。在农业领域，国家通过税收、补贴等政策手段，鼓励农民积极投入农业生产，提高农业生产效率和质量。同时，鼓励农民通过多种方式实现收入多元化，提高农民收入水平，增强农民的自我发展能力。坚持社会主义市场经济体制，为农业高质量发展提供了市场机制。在社会主义市场经济体制下，市场在资源配置中起决定性作用，这有利于激发市场主体的活力和创造力。在农业领域，国家通过市场机制引导农业生产，促进资源的合理配置和优化利用，鼓励和支持企业、科研机构等市场主体在农业领域开展技术创新和产业升级，提高农业的科技含量和附加值。

第四，中国农业高质量发展的市场需求大。在"十四五"规划和"双碳"目标下，农业现代化、乡村振兴、绿色发展等领域的市场需求不断增加。中国消费升级趋势明显，随着中国经济的持续增长和城市化进程的加速，消费者对农产品的需求正在发生重大变化。人们对农产品的需求不再仅仅是满足温饱，而是更加注重品质、安全、健康等方面，这种消费升级趋势为农业高质量发展提供了广阔的市场空间。在环保意识逐渐提高之下，消费者对绿色、有机、低碳的农产品更加青睐。这为农业高质量发展提供了新的机遇，农业企业通过推广绿色环保的农业生产方式，满足消费者对健康、环保的需求，进而提高农产品的附加值和市场竞争力。近年来，中国农产品销售渠道不断拓展，线上销售和线下体验店等多种形式的销售渠道日益成熟，这些多元化的销售渠道为农业高质量发展提供了更多的机会，农业企业通过线上平台和线下体验店等方式，将高品质的农产品直接送达消费者手中，提高销售效率和消费者满意度。农业科技的不断进步为农业高质量发展提供了强有力的支持，通过引进先进的农业技术和设备，农业企业提高农产品的产量和质量，同时减少生产成本和环境影响。科技创新还为农业企业提供了更加精准的市场分析和产品研发支持，使农业高质量发展更加符合市场需求和消费者期望。中国农业高质量发展的市场需求大优势主要表现为消费升级趋势明显、绿色环保意识增强、多元化的销售渠道以及科技创新的推动等多个方面，这些优势也为农业高质量发展提供了广阔的市场前景和发展机遇。

6.2　主要成就：农业现代化进程全面加速

在党中央的不断指导下，我国农业的绿色发展、高质量发展在当前取得了较为显著的成绩，主要体现在农业绿色发展水平、农业资源保护利用能力、绿色优质农产品供给、宜居宜业和美乡村建设、农业绿色发展试验示范、农业绿色科技、农业绿色发展富民兴村新模式以及新型经营主体八个方面。

第一，当前我国农业绿色发展水平持续提高。根据表6-7的指标数据来看，2021年全国农业绿色发展指数77.53，较上年提高0.62，比2015年提高了2.34。2021年全国粮食产量再创历史新高，生猪全面恢复生产，猪肉产量达到5 296万吨，基本达到正常年份水平。2021年全国耕地总量实现净增加，耕地减少的势头得到逐步遏制。生态环境安全指数为85.25，较上年提高0.32。国家农业绿色发展先行区率先开展先行先试，农业绿色发展水平较高，农业绿色发展指数从2015年到2021年逐年提高，2021年绿色发展指数平均达到80.32，高于全国平均水平。

表6-7　2015—2021年全国农业绿色发展指数

指标	2015年	2016年	2017年	2018年	2019年	2020年	2021年
农业绿色发展指数	75.19	75.43	75.79	76.24	76.64	76.91	77.53
资源节约保育指数	75.64	76.07	76.40	76.87	77.17	77.42	77.87
生态环境安全指数	81.72	82.15	82.73	83.46	84.41	84.93	85.25
绿色产品供给指数	72.27	71.67	71.44	71.22	70.78	71.10	72.36
生活富裕美好指数	67.63	68.16	68.79	69.48	70.04	69.92	70.61

数据来源：《中国农业绿色发展报告2022》。

第二，农业资源保护利用能力显著提升。通过节约集约循环利用资源，转变资源利用方式，强化资源管理过程，降低农业资源的利用强度，促进农业资源永续利用，农业资源保护利用能力有了显著提升。2021年以来，东北典型黑土区共完成黑土耕地保护利用面积2.04亿亩次。其中，建设高标准农田

2 400 多万亩，治理侵蚀沟 9 700 多条，实施多种模式保护性耕作 2 亿亩次，有机肥还田 4 400 多万亩，黑土地保护取得阶段性成效。夯实农田水利工程基础，农田高效节水取得了明显进展。表 6-6 和表 6-8 的数据显示，2021 年全国农业用水量 3 644 亿米^3，2021 年全国农业用水占比为 61.56%；2022 年全国农业用水 3 781 亿米^3，2022 年农业用水占比为 63.04%。从近 10 年的数据来看，农业用水占比维持在 61% 左右。农业用水效率持续提升，2021 年全国农田灌溉水有效利用系数为 0.568，较上年提升 0.003。农业节水增效持续推进，2021 年全国农田有效灌溉面积是 10.37 亿亩；实施大型灌溉区现代化改造项目 89 处，新增恢复灌溉面积 98 万亩，改善灌溉面积 1 670 万亩。

表 6-8　2021 年全国农业用水量情况

名称	数值
全国农业用水量（亿米^3）	3 644
全国农业用水占比（%）	61.56
全国农田灌溉水有效利用系数	0.568

数据来源：《中国农业绿色发展报告 2022》。

农业生物多样性保护也持续推进，加强农业野生植物资源保护，在河北、江西等地新建 4 处原生境保护区，组织开展野生稻、野生大豆、小麦野生近缘植物等 20 余种国家重点保护农业野生植物资源常规调查，抢救性收集一批重要物种资源。

农业产地环境保护治理取得了进展。国家农业农村部等相关部门，将化肥农药减量使用、农作物秸秆综合利用、畜禽粪污资源化利用、地膜减量回收利用等作为重点，开展农业产地的环境保护与治理。2021 年全国机械施肥面积超过 6 亿亩次，有机肥施用面积超过 5.5 亿亩次。全国农用化肥施用量 5 191 万吨，较 2020 年减少 1.1%，连续 6 年持续下降。2021 年全国农药使用量为 24.83 万吨；2022 年三大粮食作物实施统防统治面积超 18 亿亩次，统防统治覆盖率达 43.6%，比 2021 年提高 1.2 个百分点。2022 年全国主要农作物绿色防控面积达到 12 亿亩，绿色防控覆盖率达到 52%，比 2021 年提高 6 个百分点。2022 年农药包装废弃物回收 8.89 万多吨，回收率 70.4%。秸秆综合利用能力稳步提升，表 6-9 数据显示，2021 年全国农作物秸秆利用量 6.47 亿吨，全国秸秆利用市场主体达 3.4 万个。2022 年，建设 300 个秸秆利用重点县、600 个秸秆综合利用展示基地，全国秸秆综合利用率保持在 86% 以上。畜禽粪污资源化利用扎实推进，截至 2021 年底，全国畜禽粪污综合利用率超过 76%，规模养殖场粪污处理设施装备配套率稳定在 97% 以上，畜禽养殖污染状况明显改善。2022 年，畜禽粪污综合利用率超过 78%。农膜回收利用持续推进，农业农村部联合相关部门加强农膜监管执法，严禁非标地膜"入市下田"。2021年全国农膜回收率稳定在80％以上。

表6-9 2021年全国农作物秸秆利用率

名称	数值
秸秆利用量（亿吨）	6.47
综合利用率（％）	88.1
离田利用率（％）	33.4
饲化利用率（％）	18

数据来源：《中国农业绿色发展报告2022》。

第三，绿色优质农产品供给持续增加。持续推进的品种优培、品质提升、品牌打造和标准化生产，发展绿色、有机农产品，开展农产品品质提升行动等，推动了农业多功能发展，绿色优质农产品供给持续增加。育种基地建设水平提升，农业农村部的《全国畜禽遗传改良计划（2021—2035年）》明确未来十五年我国主要畜禽遗传改良的目标任务和技术路线。优化调整现有制种大县和区域性良繁基地县，国家基地总数达到216处，覆盖粮棉糖果菜茶药等重点物种，国家级基地供种保障率将进一步提高到75％。农产品质量安全水平稳步提升，2022年农业农村部组织开展了2次国家农产品质量安全例行监测工作，抽检蔬菜、水果、茶叶、畜禽产品、水产品等五大类产品106个品种130项参数14 437个样品，总体合格率达97.6％。表6-10的数据显示，截至2022年底，绿色食品、有机农产品有效用标单位总数27 246家，产品总数60 254个。建成绿色食品原料标准化生产基地748处，总面积超过1.68亿亩，带动近2 030万农户发展，建成有机农产品基地201处、绿色食品（有机农业）一二三产业融合发展园区41个。名特优选新农产品数量迅速增长，2022年入选全国名特优选新农产品名录1 012种，累计入选产品3 234种。品牌强农深入推进，2022年农业农村部印发《农业品牌打造实施方案（2022—2025年）》《农业品牌精品培育计划（2022—2025年）》，并同相关部门发布《关于新时代推进品牌建设的指导意见》。全面启动了农业品牌精品培育计划，发布了首批75个区域公用品牌；强化品牌标准引领，建立首个农业品牌行业标准《农产品区域公用品牌建设指南》（NY/T 4169—2022），构建了农业品牌标准体系框架。打造品牌交流平台，创新举办中国农业品牌创新发展大会。启动脱贫地区农业品牌帮扶，截至2022年底，农业农村部牵头帮扶20个重点县，培训服务活动覆盖152个县，培训人数超过3 000人次。农业生产标准化水平提升，在新创建的50个国家现代农业产业园、40个优势特色产业集群、100个国家农业现代化示范区，全域推进农业生产"三品一标"提升行动，扩大健康养殖示范推广范围，创建国家级水产健康养殖和生态养殖示范区 180 个。农业多功能开发取得进展，2021 年全国稻渔综合种养水产品产量达 356 万吨，占全国淡水养殖产量的 11%。休闲农业和乡村旅游不断拓展，根据相关数据，近四成休闲农业重点县具有世界知名自然文化资源，四成以上的重点县休闲农业年营业收入超过 10 亿元，七成以上的重点县休闲农业年接待量超 200 万人次。

表 6 - 10　2022 年全国绿色食品、有机农产品发展情况

名称	数值
绿色食品、有机农产品有效用标单位总数（家）	27 246
绿色食品原料标准化生产基地（处）	748
有机农产品基地（处）	201
绿色食品（有机农业）融合发展园区（个）	41
全国名特优选新农产品（种）	3 234

数据来源：《中国农业绿色发展报告 2022》。

第四，宜居宜业和美乡村建设持续推进。乡村生活富裕美好是农业高质量发展的基本目标，建设宜居宜业的美丽乡村，是农业绿色发展、高质量发展和乡村振兴的重要任务。图 6 - 6 数据显示，农民收入持续增加，2022 年全国农村居民人均可支配收入达到 20 133 元，高于城镇居民人均可支配收入实际增速 2.3 个百分点。和美乡村建设成效显著，2022 年农业农村部同各相关部门扎实推进落实《农村人居环境整治提升五年行动方案（2021—2025 年）》。目前，全国农村卫生厕所普及率超过 73%，对农村生活垃圾进行收运处理的自然村比例达 91%，农村污水治理率达 31% 左右，14 万个村庄得到绿化美化，95% 以上的村庄开展了清洁行动。

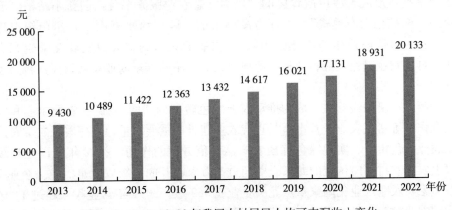

图 6 - 6　2013—2022 年我国农村居民人均可支配收入变化
数据来源：国家统计局。

第五，农业绿色发展试验示范态势良好。积极推行农业绿色生产方式，健全农业绿色发展支撑体系，初步形成了"点上突破、以点带面"的农业绿色发展格局。高标准高水平建设国家农业绿色发展先行区，2022年遴选确定49个第三批国家农业绿色发展先行区创建单位，先行区创建单位总数达到128个。稳步推进国家重要农业资源台账制度建设，在各地农业农村部门的支持和配合下，实现了国家重要农业资源台账工作的业务化运行，构建覆盖全国31个省（自治区、直辖市）128个先行区及256个县的农业水、土、气候、生物、农业废弃物等农业资源数据库，形成涵盖全国主要生态类型区、超过1 500万个数据的农业资源台账，编制《国家重要农业资源台账》，为分析农业资源利用状况、评价农业绿色发展水平提供数据支撑。

第六，农业绿色科技支撑进一步增强。围绕提高农业质量效益竞争力，破解当前农业资源趋紧、环境问题突出、生态系统退化等重大瓶颈问题，以绿色投入、节本增效技术、生态循环模式和绿色标准规范为主攻方向，筛选了水稻精确定量栽培技术、优质小麦全环节高质高效生产技术、稻渔综合种养技术、中海拔地区"一年多茬蔬菜"高效种植技术和马铃薯增产增效栽培技术等农业绿色发展技术模式。在近10年以来，针对南方地区，中国农科院的科学家们集成了典型红壤农田酸化综合防控技术，在六省大面积示范，实现粮食增产12％以上，创建南方低产水稻土改良与地力提升技术体系，示范区水稻亩均增产100千克以上；建立主要粮食产区农田土壤有机质提升关键技术，示范区土壤有机质含量提升12％以上，增产5％以上；全面建成全域高精度数字化土壤监测系统，实现农田利用"天上看、网上查、地上管"。

第七，农业绿色发展富民兴村新模式涌现。在2021年，先行区绿色发展指数平均达到80.32，明显高于全国平均水平。以国家农业绿色发展先行区为重点，形成天津市西青区的"借力智慧农业服务平台，创新小站稻'五统一'标准化生产模式"、浙江省湖州市的"践行绿水青山就是金山银山理念，奋力打造高效生态农业强市"、甘肃省酒泉市的"大力发展戈壁生态农业，打造农业绿色发展新样板"等典型模式，不断探索农业发展富民兴村路径（图6-7、图6-8）。

第八，新型经营主体成为推动农业绿色转型的"两头雁"。农业企业和农民合作社等新型农业经营主体是现代农业建设的重要力量，发挥着联农带农推动农业绿色生产、实现绿色优质农产品价值方面的作用。2022年全国经县级以上农业农村部门认定的龙头企业超过9万家，其中市级以上重点龙头企业7万多家，农业产业化国家重点龙头企业1 959家。2021年营业收入超过11亿元的农业龙头企业中有51.4％启动数字化建设，37.4％采用电子商务交易。2022年全国依法登记的农民合作社达到222万家，农业合作社规范农业投入

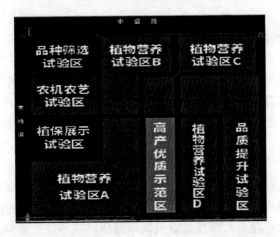

图 6-7　天津市西青区"5+1"试验示范农场布局
来源：天津市农业农村委员会。

图 6-8　酒泉市肃州区总寨戈壁生态农业产业园拍摄的已建成使用的高标准温室大棚
来源：新华社。

品使用，推进农业绿色标准化生产。根据相关数据，2021 年化肥农药使用量实现负增长，绿色防控技术覆盖率达到 78.8%，畜禽粪污资源化利用率为84.7%，单位面积绿色食品产值增长 4.4%。中国农业高质量发展在当前取得了一定的成就，但是也存在着需要高度重视的顽疾和问题，只有充分了解、认识在中国农业高质量发展中存在的各种问题，才能不断推动中国农业高质量发展。

6.3 主要问题：结构性矛盾与资源约束

近年来，随着中国城市化进程的加速，农业领域也在发生着变革。农业高质量发展的战略目标，旨在推动农业现代化，提高农业生产效率，保护生态环境，提高农产品质量和安全。然而，在实现这一目标的过程中，还存在着一些主要问题。

第一，农业生产政策的不完善。农业生产政策的不完善，一是会让农业生产缺乏整体规划和布局，无法合理配置农业资源，这将会导致农业产能过剩或不足的问题，使农产品产量不能满足需求，或者造成农产品过度生产而无法销售；二是导致农业投入品市场监管机制不健全，这不仅会影响农产品质量和安全，还会增加农民的生产成本；三是导致农业保险和风险管理缺失，农民在面临自然灾害、市场变化等风险时缺乏有效的保障和支持，这使得农民的生产和收入更加不稳定，降低了农民投入新的生产技术的积极性，阻碍了农业的绿色发展和高质量发展；四是导致农产品市场体系不健全，缺乏统一的农产品质量标准、流通环节监管不到位、农产品销售渠道不畅等问题，这会使农产品价格波动大、农民难以获得合理的销售渠道，影响农民的收益。

第二，农产品市场化发展面临困难。农产品市场化发展面临诸多困难：一是信息不对称，使得农民和市场之间的信息传递和沟通不畅，导致价格波动大、市场交易不稳定，缺乏完善的市场信息平台，农民难以及时了解市场需求，往往无法准确预测和调整农产品的生产规模和品种结构，易造成过剩或供需不平衡的情况；二是配套服务不足，农产品市场化发展需要完善的配套服务，如物流、仓储、质检、融资等方面的支持，但是在一些地区，这些支持服务体系尚未完善，制约了农产品的流通和销售，如农产品的运输成本高、农产品质量检测标准不统一，难以满足市场需求；三是市场准入壁垒，农产品市场化发展受到限制，一些地区或者国家设置了贸易壁垒、关税等限制措施，限制了农产品的跨境流通和出口，这给农产品市场化发展带来了很大的阻碍；四是品牌意识不强，农产品市场化发展中，产品品牌建设和推广是很重要的一环，但是农民农产品品牌意识薄弱，农产品的市场竞争力较弱，缺乏知名度和品牌形象，使得农产品往往只能以低价形式进入市场，这也会影响农民的收益；五是不稳定的市场需求，农产品市场需求的波动性较大，随着消费者需求的变化，农产品价格也会较大波动，这给农民的生产规划和决策带来了一定的困难，农业生产周期较长，农民在面对市场需求变化时往往无法及时调整生产计划，造成产品过剩或者供给不足的问题。在农业绿色发展、高质量发展过程中，农产品市场化发展是必然趋势，农产品市场化发展面临的困难更是当前亟待解决的问题。

第三，水资源短缺与合理利用问题。水资源短缺与合理利用是农业高质量发展面临的重要问题之一。一是水供需矛盾加剧，随着人口增长和经济发展，对水资源的需求不断增加，而水资源的供给却受到限制，水供需矛盾增加，尤其是在干旱地区或者水资源匮乏地区，可能导致水资源的短缺问题，不仅影响到人民的日常生活，还会对农业灌溉、工业生产和生态环境的可持续发展产生重要影响；二是地下水过度开采，由于地下水更丰富且易于利用，许多地区存在地下水过度开采问题，长期以来的过度开采地下水不仅导致了地下水位下降，还加剧了土壤沙化、地面塌陷和水土流失等问题，对农业绿色生产和生态环境造成了严重影响；三是水资源污染，由于工业生产和城市化进程的加快，水资源污染问题日益突出，排放废水、投放化学物质以及非法倾倒固体废物等行为，都会导致水体受到污染，使水资源无法正常利用，严重的水质污染不仅威胁人民健康，还对农业灌溉、渔业养殖和生态系统健康造成重大损害；四是生态环境恶化，水资源短缺和不合理利用往往导致生态环境出现问题，河流干枯、湖泊萎缩、湿地退化等现象不断发生，破坏了生态系统的平衡和稳定性，直接影响着生物多样性保护和生态服务功能的发挥。这些由水资源引发的一系列问题，都将对农业绿色生产环境产生重大影响。

第四，农业土壤质量下降与保护问题。农业土壤质量下降与保护问题在农业绿色生产和可持续发展方面有重要影响：一是农业土壤肥力下降问题，长期过度耕作、过量施肥和不合理的农业管理方法都会导致土壤肥力下降，过度耕作破坏了土壤结构，降低了土壤保水保肥能力，过量施肥导致养分积累或流失，使土壤中的养分含量不平衡，这些问题都会对农作物的生长和产量产生负面影响；二是不合理的耕作和植被破坏，导致土壤暴露在风雨侵蚀中，加剧了土壤侵蚀和水土流失现象，沟壑纵横、地势平坦的农田易于形成水网，导致水土流失加剧，土壤侵蚀和水土流失严重影响土壤的肥力和结构，还会造成地貌变化、水质污染和洪涝灾害等问题；三是农业生产中使用的化肥、农药等化学物质残留在土壤中，导致土壤被污染，以及长期以来的农业生产方式和管理不规范，使得农田土壤中农药和化肥过量积累，对生态环境、农业生产等产生潜在风险；四是由于土壤质量的下降，农田的生存环境质量恶化，导致土壤中的微生物、蠕虫和其他生物的多样性丧失，土壤中的微生物和生物多样性对维持生态系统的功能和健康至关重要，它们参与有机质分解、养分循环和土壤结构形成等过程；五是土壤质量下降限制了农业的可持续发展，低肥力土壤和土壤结构退化导致农业产量下降，增加了农民的生产成本，以及土壤污染和侵蚀问题给生态环境造成影响，威胁到农田生态系统的健康，不利于农业高质量发展的持续推进。

第五，农业面源污染控制问题。农业面源污染是指在农业生产活动中由于施肥、农药使用、畜禽养殖等导致的农田、河流和地下水等资源的污染。一是水体污染，农业生产过程中使用的化肥、农药和养殖废水等会流入河流、湖泊和地下水中，造成水体污染问题，水体污染不仅会破坏水生生物的生存环境，还会对人类饮用水源以及生态系统造成威胁；二是大气污染，农业生产中的焚烧秸秆、农膜和畜禽养殖中产生的氨气等，会导致大气污染问题，农业废物的排放会对空气质量造成影响，也会影响农业的可持续发展；三是农业面源污染对农田生态系统的生物多样性产生负面影响，使用化肥和农药会对土壤中的微生物和昆虫造成杀伤，破坏农田的生物多样性，影响生态系统的平衡；四是农业面源污染对养殖业和农产品质量产生重要影响，养殖业排放的废水和废料如果未得到有效处理，会对环境和水体造成严重污染，同时也会影响养殖产品的质量和安全性。因此，农业面源污染控制问题对人类健康、生态环境、农业绿色生产以及农业可持续发展都会有重要影响。

第六，农业科技创新不足。一是低效率生产，缺乏农业科技创新会导致农业生产过程的低效率，传统农业生产方式更加依赖于人力和传统的农具，劳动密集度高、劳动力成本高，生产效率低下，在我国还有一大部分地区的农业生产依然在依赖人力，农业科技的应用推广还不足；二是农业科技创新不足限制了农业产能的提高，缺乏新的农业科学技术的支持，农业难以采用现代农业技术和先进设备，较难提高农产品的产量和质量，农业生产效率也难以提高，这不仅影响农民的收入和生活质量，还会对粮食安全和农产品市场供应造成压力；三是缺乏农业科学技术创新也会导致农业生产对环境的负面影响，如不合理的农药使用和过度施肥等不科学的农业管理方法可能污染土壤、水体和空气，破坏农业生态环境，影响农业绿色生产；四是农业科技创新不足导致农产品的安全问题，缺乏科技支撑的农业较难满足食品安全标准，农产品会存在农药残留、重金属超标等问题，对人体健康造成影响；五是农业科技创新不足影响农村的整体发展，缺乏农业科技创新限制了农村经济结构的转型和农民收入的增长，同时也限制了农村基础设施建设和农村社会服务的发展，加大了城乡差距。农业科技创新在农业高质量发展中、农业现代化发展中都有着关键作用，解决农业科技创新问题是中国农业高质量发展的关键所在。

第七，农民素质与农业发展不匹配的问题。一是部分农民的教育水平较低，缺乏现代农业生产和管理知识的学习与掌握，缺乏科学的农业生产技术知识和管理能力，限制了农民实施现代农业技术和管理方法，影响了农业生产的质量和效益；二是造成技术水平滞后，由于农民技术培训不足和缺乏更新换代的意识，部分农民的农业技术水平滞后，不能够充分利用现代农业技术提高农产品产量和质量，限制了农业的发展潜力；三是农业现代化发展要求农民具备一定的农业管理能力，包括市场分析和决策能力、农产品质量监管和营销能力等，但是部分农民在农业生产、销售和管理方面缺乏相关的知识和技能，使得他们难以适应市场需求和现代农业发展的需求；四是部分农民的价值观念和意识落后，缺乏一定的环境保护意识和可持续发展观念，在农业生产过程中，部分农民可能倾向于过度使用化肥农药等，将会对农业生态环境的可持续性发展造成严重影响；五是随着农业现代化的推进，农业结构调整也变得越来越重要，但是由于农民素质与现代农业发展不相适应，他们往往面临转型困难，缺乏技能和知识的农民难以调整种植结构、发展农产品加工业等，导致农业结构难以有效调整。因此，在推进农业高质量发展和农业现代化发展中，更加注重农民素质、技能提升问题，才能有效激发农民进行农业绿色生产、高质量发展的积极性。

第八，农业产业链整合与价值链提升不足。一是农业生产与加工、销售环节衔接不畅。当前，我国农业产业链的整合程度较低，农业生产与后续的加工、销售环节之间缺乏有效衔接。大多数地区的农业仍以初级农产品的销售为主，深加工能力不足。这种模式下，农产品的附加值未能得到充分挖掘，大量利润流失在产业链的中下游。由于缺乏一体化的"生产—加工—品牌"链条，农产品的市场竞争力较弱，难以形成具有影响力的区域品牌。此外，农户与加工企业之间的利益联结机制不健全，导致农户在产业链中处于弱势地位，难以分享到加工和销售环节的增值收益。这种产业链的断裂不仅限制了农业的现代化发展，还制约了农民收入的持续增长。二是农业品牌化、标准化建设滞后。我国农业品牌化建设起步较晚，截至 2022 年 10 月，中国累计批准地理标志产品 2 495 个，农产品品牌化程度较低。许多地区的农产品仍以"无名氏"形式进入市场，缺乏统一的品牌标识和标准化管理。即使是一些已经获得地理标志认证的农产品，也存在认证标准执行不严、品牌溢价能力薄弱等问题。由于缺乏统一的标准化管理体系，农产品的质量和安全难以得到有效保障，消费者对品牌的信任度较低。品牌化和标准化建设的滞后，不仅影响了农产品的市场竞争力，还制约了农业产业链的升级和转型。三是数字技术在供应链中的渗透率不足。尽管区块链溯源、智能合约等新技术在理论上能够提升供应链的透明度和效率，但在实际应用中尚未形成规模效应。许多农业企业由于技术门槛高、投入成本大，对数字化技术的应用持观望态度。并且，农业供应链的数字化改造需要跨部门、跨行业的协同合作，但目前各环节之间的数据共享和协同机制尚未建立，导致数字技术的应用效果大打折扣。由于数字技术的渗透率不足，农业供应链难以有效对接新零售渠道的需求，无法实现精准营销和高效配送，限制了农业产业链的现代化发展。

第九，农业劳动力结构性断层凸显。一是农业从业人员老龄化严重。我国农业劳动力的老龄化问题日益突出，55 岁以上的农业从业人员占比较高。随着城市化进程的加快，大量农村青年劳动力选择外出务工，导致农业劳动力持续外流。这种"老龄化＋空心化"的现象使得农业劳动力的整体素质下降，传统农业技术的传承面临断层风险。此外，老年劳动力在体力、学习新技术的能力以及对市场变化的适应能力方面较弱，难以满足现代农业发展的需求。这种劳动力结构的不合理，已成为制约农业现代化的重要因素。二是高素质农民培育体系不完善。尽管近年来国家大力推动高素质农民的培育，但整体进展还有待加快。高素质农民的培育体系存在诸多短板，如培训内容与实际需求脱节、培训资源分布不均、培训方式单一等。许多农民虽然参加了培训，但由于缺乏后续的技术支持和实践机会，难以将所学知识应用到实际生产中。此外，高素质农民的认定标准和激励机制尚未完善，导致农民参与培训的积极性不高。这种培育体系的不完善，使得农业劳动力的整体素质提升缓慢，难以适应现代农业发展的需求。三是新兴岗位人才培养滞后，农民数字素养普遍跟不上新时代步伐。随着农业科技的快速发展，农业机器人操作、大数据分析等新兴岗位的需求日益增加，但相关人才的培养严重滞后。当前，涉农院校的课程设置与现代农业发展的需求存在部分脱节情况，许多新兴技术和岗位的技能要求未能及时纳入教学体系。此外，许多毕业生更倾向于选择城市就业，导致农业领域的高素质人才严重短缺。人才的缺失，使得农业领域在数字化转型和智能化升级过程中面临人才瓶颈，制约了农业科技的创新和应用。

第 7 章
中国农业高质量发展的机遇与挑战

农业高质量发展是推动乡村全面振兴，实现农业农村现代化，全面建成社会主义现代化强国的必由之路。在全球化的背景下，中国农业高质量发展面临着众多机遇和挑战。要推动中国农业高质量发展不断前进，必须深入了解其所面临的机遇和挑战。

7.1 机遇：乡村振兴战略与科技创新的双重驱动

中国农业高质量发展是必然趋势，农业是国民经济的基础，深入了解当前农业高质量发展的机遇，才能够充分利用当前的国际环境、国内环境促进农业高质量发展，才能更好地在新发展格局下发展中国农业。

7.1.1 农业产业结构升级

农业产业结构，也就是指农业生产结构，一定地域（或农业企业）范围农业内部各生产部门的组成及其相互关系。农业产业结构升级，通过提升农业生产方式、加强农业科技创新、优化农产品加工流程、发展现代农业服务业等手段，实现农业产业结构的调整和优化，促进农业经济的持续发展和农民收入的增长。其目的是将传统农业转型为高效、高质、高附加值的现代农业，提高农产品的市场竞争力和附加值，同时提升农民的生产技能和生活品质。农业产业结构升级的核心是优化农业产业结构，这包括改善农业生产力的布局、推动产业集聚、促进产业融合等方面。在农业生产力的布局上，因地制宜，根据不同地区的自然条件和市场需求，合理安排农产品的种植，以提高农业生产的效益和农产品的竞争力。在产业集聚方面，引导和支持龙头企业做大做强，带动相关产业的发展，形成产业集群和区域品牌效应。在产业融合方面，促进农业与第二、第三产业的融合，推动农业与旅游、文化等产业的结合，拓展农业的功能和价值。农业产业结构升级还包括发展现代农业服务业。现代农业服务业是指为农业生产提供社会化服务的产业，包括农业科技研发、农业技术推广、农产品加工、农业金融等领域，通过发展现代农业服务业，提高农业生产的科技水平和市场化程度，推动农业生产的现代化和专业化。

随着科技的进步和全球经济的发展，农业产业结构升级已成为不可逆转的趋势，这一过程也为农业高质量发展带来了新的机遇。在提高农业生产效率方面，把握农业产业结构升级的机遇有助于提高农业生产效率。通过优化资源配置，引入先进的生产技术和设备，降低生产成本，提高农产品质量和产量，从而提高农业生产的整体效益。同时，抓住产业结构升级机遇促进农业与其他产业的融合，推动农业产业链的延伸和拓展，为农业发展注入新的动力。在促进农村经济发展方面，把握农业产业结构升级机遇有助于促进农村经济发展。产业结构升级能够带动相关产业的发展，如农产品加工业、物流业、旅游业等，从而创造更多的就业机会，提高农民收入水平。同时，产业结构升级推动了农村产业结构的优化调整，提高农村经济的整体竞争力，为农村经济可持续发展提供有力保障。在推动农业现代化进程方面，把握农业产业结构升级是推动农业现代化进程的重要途径，通过引进现代科技和管理理念，优化农业生产结构，提高农业生产效率和效益，为农业现代化提供有力支撑。同时，产业结构升级促进了农业与其他产业的融合，推动农业产业链的延伸和拓展，为农业现代化提供更多的发展机遇。在促进城乡协调发展方面，把握农业产业结构升级有助于促进城乡协调发展，通过优化农业产业结构，提高农民收入水平，缩小城乡差距，促进城乡协调发展。同时，产业结构升级带动了相关产业的发展，为农村地区提供更多的就业机会和经济发展动力，为乡村振兴战略的实施提供有力支持。

7.1.2　农业国内市场增长

农业国内市场增长，指农业领域的国内市场规模和需求量的增长，通常由农业行业的生产者、加工者、销售者和消费者等市场主体之间的供需关系决定。随着人口的增长和消费水平的提高，人们对农产品和农业相关产品的需求也会相应增加，从而推动农业国内市场的增长。农业技术的创新和应用提高了农业生产效率和产品质量，满足消费者对高质量农产品的需求，进而推动农业国内市场的增长。农村经济的发展带动了农业结构的优化，增加了农业附加值和农民收入，进而促进了农业国内市场的增长。政府的农业政策支持，鼓励农民增加投入、扩大生产规模，提高农产品产量和质量。

农业国内市场的增长对于一个国家的整体经济发展具有多方面的重要意义。把握农业国内市场增长的机遇，打牢经济繁荣的基石。农业国内市场的扩大为农民提供了更多的销售机会，提高了他们的收入水平，进一步促进了农村经济的发展；农业国内市场的增长有助于拉动内需，促进国内消费，推动整体经济的增长；农业国内市场的扩大将带动相关产业的发展，如农产品加工、物流、销售等，有助于优化产业结构，提高整体经济的竞争力。把握农业国内市场增长的机遇，保障社会稳定。在保障食品安全方面，农业国内市场的增长有助于保障食品安全，满足人们对食品质量日益提高的需求；在增加就业机会方面，农业国内市场的扩大将带动相关产业的发展，创造更多的就业机会，有助于缓解社会就业压力；在稳定农民收入来源方面，农业国内市场的增长有助于保障农民收入的稳定，增强农民的获得感和幸福感，为社会的稳定奠定基础。把握农业国内市场增长的机遇，是做到环境友好的重要推动力。在缓解农业出口压力方面，农业国内市场增长有助于减轻农业出口压力，为其他产业的发展腾出空间；在资源利用效率提高方面，农业国内市场增长将推动农业生产方式的转变，提高资源利用效率，减少环境污染；农业国内市场的增长也有助于推动生态保护和可持续发展，实现经济、社会和环境的协调发展。农业国内市场增长在促进经济繁荣、保障社会稳定、推动环境友好等方面的重要性决定了中国农业高质量发展必须牢牢把握这个机遇。

7.1.3　农业科学技术进步

农业科学技术进步是指在农业经济发展过程中，不断创造、掌握和应用生产效率更高的科学技术，以替代生产效率较低的技术的过程。这个过程中涉及农业生产技术即自然科学技术的进步，以及农业经济管理即社会科学技术的进步。广义的农业技术进步既包括农业生产技术进步，又包括农业经济管理技术的进步，这些技术在农业生产中得到广泛应用，以提高农业生产效率、改善农产品质量、降低生产成本。狭义的农业技术进步仅指农业生产技术的进步，包括良种选育、病虫害防治、农业机械装备、农业信息化等领域的先进技术，这些技术的应用显著提高农业生产效率，促进农业现代化发展。在实践中，农业科学技术进步的具体形式包括：新型高效农药和化肥的研发和应用、高产品种的培育和推广、现代化农业机械装备的应用、农业信息化和智能化技术的发展等。此外，农业科学技术进步还体现在农业生产模式的优化和改进上，如生态农业、循环农业等新型农业生产模式的发展。

农业科学技术进步是推动农业现代化发展的重要力量，农业高质量发展必须把握好这个机遇。现今，我国农业科学技术正在不断进步，如新型种子、肥料、农药、农机具等的应用，提高土地利用效率，降低农业生产成本，减少人力物力的浪费，从而提高农业生产效率。此外，通过智能化农业管理系统的应用，实现精准施肥、精准灌溉、精准防治病虫害等，进一步降低生产成本，提高农业生产效率。农业科学技术进步，有助于推动绿色农业、生态农业的发展，通过绿色农业技术的应用，如有机肥料替代化肥、生物农药替代化学农药等，有效减少农业对环境的污染，促进生态环境的改善。还能够通过精准农业、循环农业等新型农业模式的推广，优化农业生产结构，促进农业可持续发展。农业科学技术进步，有助于提高农产品的质量安全水平，通过生物技术育种、新型农药研发等手段，提高农产品的抗病性、抗逆性、耐储性等品质，减少农药残留和重金属超标等问题，保障食品安全。智能化农业管理系统也对农产品生长环境进行实时监测和控制，确保农产品质量安全。因此，农业高质量发展必须牢牢把握这个机遇，实现农业发展质的转变。

7.1.4　农业人才和农业职业教育不断发展

农业人才是指具备农业专业知识、技能和素养，从事农业科研、生产、管理等方面工作的人才。农业人才是推动农业现代化、提高农业生产效率的关键因素。农业人才不仅具备丰富的农业知识，还掌握现代农业技术，善于利用现代科技手段解决农业生产中的问题。农业人才的素质直接影响着农业生产的水平，关系到农村经济的发展和农民生活水平的提高。农业职业教育是指为培养农业人才而开展的教育培训活动，包括农业职业学校教育、农业职业培训等。农业职业教育提供专业、系统的教育培训，帮助农业人才提高专业技能和知识水平。这将有助于培养出一批高素质的农业人才，推动农业现代化的进程。农业职业教育还引导和促进农业技术创新，推动现代农业科技的发展，从而提高农业生产效率，提升农民收入水平。农业职业教育将现代农业科技推广到农村基层，帮助农民掌握新的生产技术和方法，提高农业生产效益。

随着农业现代化和乡村振兴战略的推进，农业人才和农业职业教育不断发展。其表现主要有：一是农业人才需求增加，随着农业产业升级和农村经济发展，农业人才的需求不断增加，农业科研、农业生产、农产品加工、市场营销等各个环节都需要具备专业知识和技能的人才。二是农业职业教育体系完善，农业职业学校教育是主体。近年来，我国不断加强农业职业教育体系建设，完善了从中职到高职再到本科的农业职业教育体系，同时开展多种形式的职业培训。三是农业人才培养质量提高，随着农业职业教育体系不断完善，农业人才培养质量不断提高。各级各类农业职业学校和培训机构积极推进教育教学改革，加强师资队伍建设，优化课程设置，注重实践教学，使得人才培养更加符合实际需求。四是政策支持力度加大，为了推动农业现代化和乡村振兴战略的实施，政府加大了对农业人才和农业职业教育的支持力度，出台了一系列政策措施，为农业人才和农业职业教育的发展提供了有力保障。

"高素质农业劳动者是一个国家农业发展的不竭动力[①]。"把握农业人才和

---

① 宁甜甜. 新发展阶段我国智慧农业：机遇、挑战与优化路径［J］. 科学管理研究，2022（2）：131-138.

农业职业教育的发展机遇，有助于推动我国农业现代化进程，提高农业生产效率，实现农业可持续发展。培养高素质的农业人才，推广应用现代农业科技，将有助于提高农民收入水平，改善农民生活条件。农村经济的发展离不开人才的支撑，把握农业人才和农业职业教育的发展机遇，有助于振兴农村经济，实现城乡协调发展。通过农业职业教育，培养一批有知识、有技术的农民，为农村注入新的活力，推动农村社会的进步。

7.1.5　乡村振兴战略深入

党的十九大报告提出了乡村振兴战略，自此开始我国不断深入实施乡村振兴战略。乡村振兴战略强调了推进农业现代化，通过科技创新、产业升级、设施改进等方式，提高农业生产效率和质量，增强农业竞争力。农业现代化不仅提高了农业产量，还提高了农业生产效益，增加了农民的收入，进一步推动了农村经济的发展。乡村振兴战略注重推动农业高质量发展，通过优化农业产业结构，发展特色农业、绿色农业、休闲农业等新型农业业态，提高农业附加值，这有助于提升农业发展的质量和效益，增强农业对经济增长的贡献，同时也有利于保护和改善农村生态环境。乡村振兴战略还强调保障国家粮食安全，加强农田水利建设、提高农业生产技术、推广节水灌溉等方式，提高了粮食生产能力，加强了粮食质量安全监管，保障了人民群众的食品安全。在乡村振兴战略的深入实施下，不断促进农民增收，通过发展新型农业，推进农村一二三产业融合发展，拓宽农民的就业渠道和收入来源，提高农民的收入水平和生活质量，促进农村经济的可持续发展。在推动城乡融合发展中，加强城乡基础设施建设、优化城乡资源配置等方式，促进城乡经济协调发展，助力缩小城乡差距，推动城乡一体化发展，实现城乡共同繁荣。因而，要深刻把握乡村振兴战略不断深入机遇，从多方面来实现农业高质量发展。

7.1.6　农业国际合作加强

农业国际合作是指不同国家之间在农业领域展开的广泛合作，这种合作包括农业技术交流、农业资源共享、农业贸易协作等方面。通过农业国际合作，促进各国农业的发展，提高农业生产效率，提升农产品质量，并且有助于保障全球粮食安全。主要表现在：在农业技术交流方面，各国在农业技术方面的交流不断加强，包括种植技术、养殖技术、农业机械技术等，通过技术交流促进各国农业技术的创新和发展，提高农业生产水平。在农业资源共享方面，各国在农业资源方面的共享不断加强，包括土地资源、水资源、气候资源等，通过资源共享，优化资源配置，提高资源利用效率，实现全球农业的可持续发展。在农业贸易协作方面，各国在农业贸易方面的协作不断加强，包括农产品贸易、农业设备和技术贸易，通过贸易协作促进各国农业经济的发展，提高农民收入水平。在农业政策方面，各国在农业政策方面的对话不断加强，包括农业政策制定、农业政策实施等，通过政策对话，协调各国农业政策的方向和目标，促进全球农业的协调发展。农业国际合作加强促进各国农业的发展，提高农业生产效率，提升农产品质量，保障全球粮食安全，实现优势互补、互利共赢的目标，推动全球农业的可持续发展。

在农业高质量发展中必须把握农业国际合作加强机遇。把握农业国际合作加强这个机遇，有助于促进全球粮食安全。在人口不断增长、资源有限的情况下，确保全球粮食安全至关重要。通过加强与世界其他地区的农业合作，充分利用各种资源和生产技术，提高农业生产效率和产品质量，以满足日益增长的全球粮食需求。同时，加强农业国际合作有助于降低粮食价格波动，减少贫困和饥饿问题，为全球经济发展创造更加稳定的环境。提高农业生产效率，通过引进国外先进的农业技术和生产模式，促进国内农业技术的创新和升级，提高农业生产效率和质量。同时，加强农业国际合作可以促进农业产业链的延伸和升级，推动农业产业结构的优化和升级，为农民提供更多的就业机会和收入来源。在全球化背景下，不同国家在农业领域的资源和生产优势不同。通过国际合作，实现资源优化配置，充分利用各种资源和生产潜力，提高农业经济效益和社会效益。此外，农业国际合作有助于减少贸易壁垒和促进贸易自由化，为全球经济发展创造更加开放和自由的环境。在传统农业生产过程中，过度使用化肥、农药等问题会导致土壤退化、水体污染等问题，加强农业国际合作，有利于推广绿色生产技术和可持续发展理念，减少化肥、农药的使用量，保护生态环境，实现农业可持续发展。

7.1.7 数字农业与智慧农业的快速发展

数字农业与智慧农业的快速发展为农业高质量发展提供了新的机遇。数字农业是指通过大数据、物联网、云计算、人工智能等现代信息技术手段，实现农业生产的精准化、智能化和高效化。智慧农业则是数字农业的进一步延伸，强调通过智能化设备和系统，实现农业全产业链的自动化管理和决策支持。数字农业和智慧农业的快速发展，为农业高质量发展提供了强有力的技术支撑。首先，数字农业和智慧农业能够显著提高农业生产效率。通过精准农业技术，如无人机植保、智能灌溉、土壤监测等，农民可以实时掌握农田环境数据，优化农业生产决策，减少资源浪费，提高产量和质量。其次，智慧农业有助于推动农业绿色可持续发展。通过智能化管理系统，减少化肥、农药的过度使用，降低农业对环境的负面影响，推动生态农业和循环农业的发展。此外，数字农业能够促进农业产业链的延伸和升级，推动农业与第二、第三产业的深度融合，拓展农业的功能和价值,如农业电商、农产品溯源等。数字农业和智慧农业的快速发展还为农村经济发展注入了新的活力。通过智慧农业平台,农民可以更好地对接市场需求,提升农产品的市场竞争力。同时,智慧农业的推广为农村创造了新的就业机会,如农业数据分析师、智能设备操作员等新兴岗位,有助于吸引青年人才回流农村,推动农村经济的多元化发展。因此,农业高质量发展必须牢牢把握数字农业和智慧农业快速发展的机遇,推动农业生产的数字化转型,提升农业的智能化水平,为实现农业现代化和乡村振兴提供强有力的技术支撑。

7.1.8　农业绿色发展理念的深入推进

农业绿色发展理念的深入推进为农业高质量发展提供了重要的战略机遇。绿色发展是农业可持续发展的核心,强调在农业生产过程中减少对环境的负面影响,实现经济效益、社会效益和生态效益的协调统一。随着全球气候变化和资源环境压力的加剧,农业绿色发展已成为全球农业发展的主流趋势。首先,农业绿色发展有助于提升农产品的市场竞争力。随着消费者对食品安全和生态环境的关注度不断提高,绿色、有机农产品的市场需求持续增长。通过推广绿色农业生产技术,如有机肥料、生物农药、节水灌溉等,农业生产者可以生产出更安全、更健康的农产品,满足消费者对高品质农产品的需求,提升农产品的市场溢价能力。其次,农业绿色发展有助于推动农业资源的可持续利用。通过推广生态农业、循环农业等绿色生产模式,减少农业对水、土、气等自然资源的过度消耗,减少农业生产对环境的污染,实现农业资源的循环利用和高效配置。例如,推广秸秆还田、畜禽粪污资源化利用等技术,不仅可以减少农业废弃物的排放,还可以提高土壤肥力,促进农业生态系统的良性循环。此外,农业绿色发展为农业科技创新提供了新的方向。通过加大对绿色农业技术的研发和推广力度,如抗逆作物品种培育、低碳农业技术等,推动农业科技的创新和应用,提升农业生产的科技含量和可持续性。同时,农业绿色发展为农业国际合作提供了新的契机,通过与国际组织和其他国家在绿色农业技术、政策等方面的合作,推动全球农业的可持续发展。因此,农业高质量发展必须牢牢把握农业绿色发展理念深入推进的机遇,推动农业生产方式的绿色转型,提升农业的生态效益和可持续性,为实现农业现代化和乡村振兴提供坚实的生态保障。

7.1.9　农业多功能性与乡村价值的深度挖掘

农业多功能性与乡村价值的深度挖掘为农业高质量发展提供了新的发展空间。农业不仅具有生产农产品的经济功能,还具有生态保护、文化传承、休闲旅游等多重功能。随着城乡融合发展和乡村振兴战略的深入推进,农业的多功能性和乡村的多元价值逐渐被认识和挖掘,为农业高质量发展提供了新的机遇。首先，农业的多功能性为乡村经济发展提供了新的增长点。通过发展休闲农业、乡村旅游、农业文化体验等新型业态，农业不仅可以创造经济价值，还可以带动农村相关产业的发展，如餐饮、住宿、交通等，促进农村经济的多元化发展。例如，通过打造农业观光园区、农家乐等休闲农业项目，吸引城市居民到农村旅游消费，增加农民收入，推动农村经济的繁荣。其次，农业的多功能性有助于推动乡村文化的传承与创新。农业不仅是物质生产的基础，还是乡村文化的重要载体。通过挖掘和传承农业文化遗产，如传统农耕技艺、乡土民俗等，不仅可以增强乡村文化的吸引力，还可以推动乡村文化产业的创新发展。例如，通过举办农业文化节、农耕体验活动等，提升乡村文化的知名度和影响力，促进乡村文化的传承与创新。同时，农业的多功能性为乡村生态保护提供了新的思路。通过发展生态农业、有机农业等绿色生产模式，不仅可以提高农业的经济效益，还可以保护和改善乡村生态环境，提升乡村的生态价值。例如，通过推广生态种植、生态养殖等技术，减少农业对环境的污染，提升乡村的生态宜居性，吸引更多人才和资本流向农村。因此，农业高质量发展必须牢牢把握农业多功能性与乡村价值深度挖掘的机遇，推动农业与乡村文化、生态、旅游等产业的深度融合，拓展农业的功能和价值，为实现乡村振兴和城乡融合发展提供新的动力。

7.2 挑战：资源环境压力与市场竞争加剧

当前世界风云变化，国内环境日新月异，农业高质量发展面临着各种挑战。深入分析农业高质量发展面临的挑战，是有效找准农业高质量发展缺陷的关键。在充分了解机遇的同时，了解中国农业高质量发展所面临的挑战，从而为中国农业高质量发展探索更加全面的实现路径。

7.2.1 农业发展不平衡不充分

农业发展不平衡不充分，指的是在农业发展过程中，由于各种因素的影响，导致农业资源利用不充分、农业生产结构不合理、农业技术水平不高、农业市场发育不完善等问题，从而制约了农业的可持续发展。一是资源利用不充分。我国农业资源相对紧缺，但资源利用方式较为粗放，导致资源浪费和利用效率低下。例如，农田水利设施落后，水资源利用效率不高，农业科技水平不高，肥料和农药使用不当，导致土壤质量下降。二是农业生产结构不合理。我国农业生产结构以传统种植业为主，畜牧业、渔业等其他产业所占比重较低。同时，种植业中以粮食作物为主，经济作物和特色农产品的发展相对滞后。这种结构单一的农业生产模式，难以满足人民群众对多样化农产品的需求。三是农业技术水平不高。我国农业科技创新能力还有待提高，农业科技成果转化率较低，农民对新技术的接受和应用能力较弱。例如，农业机械化水平较低并且在全国范围内的应用不够全面，西部地区的机械化水平比东部地区机械化水平低，农业生产仍以人力为主。四是农业市场发育不完善。我国农业市场发育不完善，市场在资源配置中的决定性作用没有得到充分发挥，市场信息不对称、农产品流通不畅、价格机制不健全等问题存在，使得农民在市场竞争中处于劣势地位。农业发展不平衡不充分是农业高质量发展面临的突出挑战，为实现可持续发展必须采取相应措施。

7.2.2　农业市场需求不稳定

农业市场需求的波动性是农业经营中一个普遍存在的问题。这种不稳定的市场需求不仅对农民的生产决策产生影响，还给农业供应链带来挑战。特别是在全球化和信息化的今天，市场需求的快速变化和不确定性更成为一种常态。

农业市场需求不稳定挑战是一个复杂的问题，它涉及多个因素，包括消费者需求的变化、农产品价格的波动、天气和气候的影响等。第一，消费者需求的变化是导致农业市场需求不稳定的一个重要因素。随着人们生活水平的提高和健康意识的增强，消费者对有机、绿色农产品的需求越来越高。这种需求的增加会导致某一类农产品的价格迅速上涨，而供不应求的现象也会随之出现。然而，消费者对某种农产品的需求下降，价格和销售量就会随之下降，给农民带来风险。第二，农产品价格的波动也是导致市场需求不稳定的一个重要因素。农产品价格受到多种因素的影响，包括季节性因素、气候变化、政策调整等。农产品价格波动较大，农民就难以准确预测销售量和价格，从而难以制定合理的生产计划。这会导致生产过剩或不足，给农民带来经济损失。第三，天气和气候的影响是导致农业市场需求不稳定的另一个重要因素。天气和气候的变化会影响到农作物的生长和收成，从而影响到农产品的供应和价格。天气和气候不利，会导致农作物减产或品质下降，从而使得市场供应不足，价格上涨。然而，天气和气候有利，会导致农作物产量过剩，价格下降，给农民带来风险。因此，在农业市场需求不稳定的挑战下，农民无法准确预测下一季的生产量，从而影响到整个农业供应链的稳定性；农产品价格常常大幅度波动，这对农民和消费者都带来了极大的影响，价格过高可能导致消费者购买力下降，而价格过低导致农民的收入减少；当市场需求高时，其他农业经营者会大量生产，导致市场供应过剩，价格下降，进而影响到农民的收益。

7.2.3　农业智能化、数字化发展不够

随着科技的飞速发展，农业领域正在经历一场前所未有的智能化、数字化

变革。尽管智能化、数字化技术具有诸多优势，但并非所有农民都愿意接受并使用这些新技术。一些传统农民可能对新技术持有疑虑，认为它们无法替代传统方法。

在技术短板方面，农业数字化需要先进的技术支持，然而农村地区由于基础设施和网络条件的限制，技术落后成为农业数字化的主要挑战之一。例如，我国自主研发的农业传感器在世界水平中还处于较低水平，稳定性差，智能感知系统灵敏度不高，终端远程控制系统和执行控制指令系统精确性不足。在数据整合程度上，农业数据采集覆盖面不足，缺乏准确性与权威性。农业信息数据整合程度与数据标准化程度低，缺乏信息数据共享。这导致收集的数据不完整或者只能收集某种或某几种农作物相关的信息，所建立的智能模型、预警模型、管理信息系统都将失去存在的价值。在资金投入上，农业数字化、智能化需要大量的资金投入，而现有的资金投入方式主要以政府为主，其他的经济组织部门对于智慧农业的资金投入的整体参与度不高，未能形成多元化投入机制。在高素质农民方面，农业从业人员整体文化水平偏低，缺乏对农民的相关技术培训，缺乏农业生产经营管理和电子信息化的复合型人才，农业技术人员存在较大缺口，尤其是高职称、高层次的农业人才缺乏。在农民参与意愿方面，智慧农业建设初期需要大量的投资，短期内却又很难收回成本、获得收益，农户参与智慧农业发展意愿不高。在要素资源利用效率方面，从劳动要素来看，现阶段中老年人、女性是从事农业的主力军，对农业新技术的需求不足。从土地要素来看，农村耕地复种指数下降，出现大量土地抛荒现象，农村土地流转缺乏有序引导，影响了农业产业化、规模化的经营。从技术要素来看，我国主要农作物综合机械化水平突破 50%，但是，由于地区间经济和自然条件等方面存在较大差异，农业综合机械化发展不平衡。在商业模式方面，绝大部分智慧农业技术还处于科研项目阶段，主要依靠政府财政支持得以持续。以物联网等为代表的智能化技术尚未在农业领域广泛应用，急需市场机制介入，需要创新性地发展适合我国国情的商业模式，才能真正促使农业信息化、现代化可持续、良性循环发展。

7.2.4 农业从事人口不足

随着全球人口的增长和城市化进程的加速，农业从事人口不足的问题日益凸显。这一挑战不仅影响着农业生产的稳定性和可持续性，还关系到全球粮食安全和农村发展。农业从事人口不足挑战是指随着城市化进程和农村劳动力向城市转移，从事农业生产的人口数量逐渐减少，导致农业劳动力短缺的问题。这一挑战在全球范围内普遍存在，我国也面临着此问题的严峻挑战。

一方面，随着城市化进程的加速和农村劳动力向城市转移，越来越多的农民离开农村前往城市谋求更好的发展机会，导致农村地区劳动力短缺。缺乏足够的劳动力导致农业生产规模下降，劳动生产率低下。同时，年轻人更倾向于选择收入高、待遇好的工作，使农业从业者老龄化问题加剧，无法适应新技术和新设备的需求。根据第三次全国农业普查数据，年龄 35 岁及以下的人数占比约为 19%，农村的年轻劳动力偏少，能够使用新型农业科技、发展农业新业态的劳动力偏少（表 7-1）。

表 7-1 农业生产经营人员数量

划分类别	全国	东部地区	中部地区	西部地区	东北地区
农业生产经营人员	31 422	8 746	9 809	10 734	2 133
规模农业经营户农业生产经营人员	1 289	382	280	411	217
农业经营单位农业生产经营人员	1 092	341	265	358	128
按性别划分农业生产经营人员数量					
男性	16 494	4 581	5 162	5 593	1 158
女性	14 927	4 165	4 647	5 140	975
按年龄划分农业生产经营人员数量					
年龄 35 岁及以下	6 023	1 537	1 765	2 347	375
年龄 36~54 岁	14 848	3 894	4 674	5 217	1 063
年龄 55 岁及以上	10 551	3 315	3 370	3 170	695

数据来源：国家统计局。

另一方面，由于农业生产效益较低，农民的收入水平不高，难以维持生计，也使得一些农民选择离开农村前往城市谋求更好的生活。农村地区经济基础薄弱，缺乏人才和资源，无法形成良好的经济发展环境，而人口的流失导致农村市场萎缩，难以吸引投资和产业转移。农业从事人口不足带来的挑战包括农业生产的效率低下、农产品的质量不稳定、农业资源的浪费等问题。由于劳动力短缺，农业生产过程中往往难以实现精细管理和标准化生产，导致农产品的品质难以保证。此外，由于缺乏足够的劳动力，一些农田被废弃，导致农业资源的浪费。为了应对农业从事人口不足的挑战，需要采取一系列措施。只有通过多种措施的综合施策，才能有效应对这一问题，推动我国农业的可持续发展。

7.2.5 农业经济效益不突出

农业经济效益不突出挑战是指农业生产的收益较低，难以满足农民的生计需求，导致农民缺乏对农业生产的积极性的问题。造成农业经济效益不突出的原因有很多。农业生产受到自然环境的影响较大，产量和品质往往难以稳定，而且农产品的市场价格波动较大，农民的收入不稳定。农业生产的成本较高，包括种子、肥料、农药等生产资料的投入以及农民的劳动成本等，导致农民的收益较低。农业生产的周期较长，回报相对较慢，也使得农民对农业生产的积极性不高。许多农民过度依赖化肥和农药，忽视了有机肥和天然肥的重要性，这不仅导致了土壤肥力的下降，还造成了环境污染、资源浪费。同时，许多农民在作物种植过程中缺乏科学合理的规划，导致土地利用效率低下。大部分农产品在收获后仍以原始形态出售，缺乏深加工和高附加值处理，这使得农产品在市场上缺乏竞争力，同时也限制了农业产业链的延伸。许多农民只关注种植和销售环节，忽视了农业产业链的其他环节，如农产品储存、运输、销售渠道的建设等，这使得农业经济收益受到了限制。农业经济效益不突出是我国农业发展面临的重要挑战之一，需要采取多种措施的综合施策，才能有效应对这一问题，推动我国农业的可持续发展。

7.2.6　农业产业链条不完善

　　农业产业链条不完善是制约农业高质量发展的另一个重要挑战。当前，我国农业产业链条存在明显的短板，主要表现在以下几个方面：一是农产品加工环节薄弱，农产品附加值低，难以形成高效益的产业链。我国农产品加工业整体水平较低，加工技术相对落后，深加工能力不足，导致农产品附加值难以有效提升。以粮食为例，我国粮食加工仍以初级加工为主，深加工比例较低，而发达国家通过精深加工将粮食转化为高附加值产品，如功能性食品、生物材料等，显著提升了产业链的经济效益。此外，农产品加工企业规模普遍较小，缺乏龙头企业的带动作用，难以形成规模化、集约化的加工产业集群，进一步限制了农产品加工业的发展潜力。二是农产品流通环节不畅，冷链物流体系不完善，导致农产品在流通过程中损耗严重，影响了农产品的市场竞争力。我国农产品流通体系存在基础设施落后、信息化程度低、流通成本高等问题。特别是冷链物流体系建设滞后，导致生鲜农产品在运输和储存过程中损耗率较高。据统计，我国果蔬、肉类、水产品等生鲜农产品的流通损耗率高达20%～30%，远高于发达国家5%左右的水平。这不仅造成了巨大的资源浪费，还削弱了农产品的市场竞争力。此外，农产品流通环节的中间商过多，流通链条过长，导致农民在产业链中的收益分配比例较低，进一步影响了农业产业链的整体效益。三是农业产业链各环节之间的协同效应不足，缺乏有效的利益联结机制，导致产业链上下游之间的信息不对称和利益分配不均。同时，由于缺乏有效的利益联结机制，农民在产业链中的话语权较弱，难以分享到产业链增值收益。这种利益分配不均的现象，不仅挫伤了农民的生产积极性，还制约了农业产业链的可持续发展。因此，完善农业产业链条，提升农业产业链的整体效益，是推动农业高质量发展的重要任务。具体而言，应从以下几个方面着手：第一，加强农产品加工业的技术创新和产业升级，推动农产品深加工和高附加值产品的开发；第二，完善农产品流通体系，特别是加快冷链物流基础设施建设，降低农产品流通损耗；第三，建立健全农业产业链利益联结机制，促进产业链各环节的协同发展，实现利益共享；第四，加大农业科技研发投入，推动农业产业链的数字化、智能化转型，提升产业链的科技含量和创新能力。通过多措并举，全面提升农业产业链的整体效益，为实现农业高质量发展奠定坚实基础。

7.2.7　农业国际竞争力不足

在全球化的背景下，农业国际竞争力不足成为中国农业高质量发展的又一重要挑战。我国农业虽然在某些领域具有一定的优势，但在整体上仍面临国际市场竞争压力。首先，农产品质量追溯体系不完善，难以实现从生产到消费的全链条透明化管理，削弱了我国农产品在国际市场上的竞争力。其次，农业科技创新能力相对薄弱，核心技术和高端装备依赖进口，制约了农业产业链的升级和国际化发展。尽管我国在农业科技领域取得了一定进展，但在关键核心技术方面仍存在短板，如农业生物技术、智能农机装备、精准农业技术等领域的自主研发能力不足，许多高端设备和技术依赖进口。这不仅增加了农业生产成本，还限制了我国农业产业链的延伸和升级。同时，农业品牌建设滞后，缺乏具有国际影响力的农产品品牌，难以在国际市场上形成竞争优势。我国农产品品牌化程度较低，许多优质农产品缺乏统一的品牌标识和市场推广策略，导致其在国际市场上的认知度和美誉度不高。相比之下，发达国家通过品牌化战略，成功打造了一批具有全球影响力的农产品品牌，如新西兰的奇异果、法国的葡萄酒等。我国在农产品品牌建设方面，缺乏系统的规划和支持，品牌附加值较低，难以在国际市场上形成差异化竞争优势。同时，国际贸易环境复杂多变，贸易壁垒和技术性贸易措施的增加，进一步加剧了我国农业参与国际竞争的难度。近年来，全球贸易保护主义抬头，许多国家通过提高关税、设置技术性贸易壁垒等方式限制农产品进口，对我国农产品出口造成了较大压力。例如，发达国家对农产品农药残留、添加剂使用等方面的标准日益严格，使得我国部分农产品出口受阻。此外，国际贸易规则的不确定性也给我国农业国际化发展带来了挑战，如区域贸易协定的签署和多边贸易体系的变革，都可能对我国农产品出口产生深远影响。

第 8 章

中国农业高质量发展的实现路径

中国从农业大国向农业强国的转变，必须坚持农业高质量的发展，必须始终坚持绿色生态的生产方式，以提质增效为目标，以科技创新为重要驱动力，以深化改革为手段，以生态文明为保证，以人民幸福为宗旨，坚定不移走中国式农业现代化道路。在新发展格局下，中国农业发展就是要实现更高质量、更有效率、更加公平、更可持续、更为安全的发展。

8.1 深化供给侧结构性改革与内需结合：供给优化与需求对接

农业供给侧结构性改革的核心是指通过自身的努力调整，让农民生产出的产品，包括质量和数量，符合消费者的需求，实现产地与消费地的无缝对接。深化农业供给侧结构性改革是指调整农业供给的结构和方式，推动农业经济发展的转型升级，实现农业高质量发展。其旨在解决农业供给侧结构性矛盾、提升农产品供给质量，从而推动农业向现代化、绿色化、高效化转变。这里扩大内需是指扩大投资需求和消费需求，将深化农业供给侧结构性改革与扩大内需相结合，才能更加具有针对性地发展农业，实现农业的高质量发展。

农业高质量发展的本质是通过优化供给结构、提升供给质量、满足市场需求，实现农业经济效益、生态效益和社会效益的协同提升。深化供给侧结构性改革与扩大内需的结合，正是从供给和需求两端同时发力，破解农业发展的深层次矛盾，推动农业向高质量、高效率、可持续的方向转型。首先，深化供给侧结构性改革是农业高质量发展的内在要求。当前，中国农业面临的主要矛盾是供给结构与需求结构的不匹配。一方面，传统农业供给体系以追求产量为主，导致低端农产品过剩、高端农产品供给不足；另一方面，消费者对高品质、绿色化、个性化农产品的需求日益增长，供需错配问题突出。通过供给侧结构性改革，可以优化农业生产结构，推动农业从"量"的增长转向"质"的提升。例如，通过调整种植结构，增加绿色有机农产品、特色农产品的供给，不仅能够提高农业附加值，还能更好地满足消费者对高品质农产品的需求。这种供给侧的优化，直接回应了市场需求的变化，为农业高质量发展奠定了基础。其次，扩大内需为农业高质量发展提供了市场动力和支撑。内需包括消费需求和投资需求，二者共同构成了农业高质量发展的市场基础。从消费需求来看，随着居民收入水平的提高和消费结构的升级，消费者对农产品的需求从"吃得饱"向"吃得好""吃得健康"转变。这种需求变化倒逼农业供给端进行改革，推动农业生产向绿色化、优质化、品牌化方向发展。从投资需求来看，扩大对农业基础设施、农业科技、农业产业链延伸等领域的投资，不仅能够提升农业生产的效率和效益，还能为农业高质量发展提供物质和技术支撑。同时，供给侧结构性改革与扩大内需的结合，能够有效化解农业生产中的深层次矛盾，为农业高质量发展创造良好条件。当前，农业生产面临资源约束加剧、生态环境压力加大、生产要素配置效率不高等问题。通过供给侧结构性改革，可以优化土地、劳动力、资本等生产要素的配置，提高资源利用效率；通过扩大内需，可以激发市场活力，为农业生产提供更多的资金和技术支持。例如，通过土地流转政策的实施，推动农业规模化经营，提高土地利用效率；通过金融支持政策的落实，为农民提供更多的融资渠道，降低农业生产风险。这种供需两端的协同发力，有助于实现农业生产的可持续性和高效性。此外，深化供给侧结构性改革与扩大内需相结合，能够促进农民增收和农村经济发展，为农业高质量发展提供内生动力。供给侧结构性改革通过推动农业绿色发展、提升农产品附加值，直接增加了农民的收入；扩大内需则通过发展农产品加工业、农村旅游、农村电商等新业态，为农民提供了更多的就业机会和增收渠道。二者的有机结合，不仅体现了农业高质量发展的内在逻辑，还为实现农业经济效益、生态效益和社会效益的协同提升提供了实践路径。

2015 年，中央农村工作会议强调："要着力加强农业供给侧结构性改革，提高农业供给体系质量和效率，使农产品供给数量充足、品种和质量契合消费者需要，真正形成结构合理、保障有力的农产品有效供给。"这是首次提出农业供给侧结构性改革，并且指出了要使农产品契合消费者需求，在一定程度上来说，农业供给侧结构性改革与扩大需求需要紧密结合。2016 年，中央农村工作会议强调："推进农业供给侧结构性改革，要在确保国家粮食安全的基础上，紧紧围绕市场需求变化，以增加农民收入、保障有效供给为主要目标，以提高农业供给质量为主攻方向，以体制改革和机制创新为根本途径，优化农业产业体系、生产体系、经营体系，提高土地产出率、资源利用率、劳动生产率，促进农业农村发展由过度依赖资源消耗、主要满足'量'的需求，向追求绿色生态可持续、更加注重满足'质'的需求转变。"2017年，中央农村工作会议强调："必须深化农业供给侧结构性改革，走质量兴农之路。坚持质量兴农、绿色兴农，实施质量兴农战略，加快推进农业由增产导向转向提质导向，夯实农业生产能力基础，确保国家粮食安全……不断提高农业创新力、竞争力和全要素生产率，加快实现由农业大国向农业强国转变。"2018年，中央农村工作会议指出："要深化农业供给侧结构性改革，夯实粮食生产能力和农业基础，突出优质、特色、绿色，调整优化农业结构，推动农村各产业融合发展。"2019年，中央经济工作会议指出："要狠抓农业生产保障供给，加快农业供给侧结构性改革，带动农民增收和乡村振兴。"2020年，中央农村工作会议强调："要深入推进农业供给侧结构性改革，推动品种培优、品质提升、品牌打造和标准化生产。"在党中央的多次强调下，从农业供给侧结构性改革首次提出至今，我国的农业供给侧结构性改革逐步取得成效，并且在逐渐与市场需求、消费需求等相结合，农业整体发展趋势平稳向好，农业基础设施不断完善，农业机械化水平显著提高。当前，我国经济进入高质量发展阶段，农业高质量发展以绿色为底色，进一步深化农业供给侧结构性改革与扩大内需相结合，坚持质量兴农、绿色兴农战略，是农业高质量发展的重要实现路径。

一是继续优化农业供给结构，通过调整农业生产结构，增加农业生产的效益，提高农产品品质和供给量的适应性，更好地满足消费者需求和市场变化。例如，加大高效农业和特色农业等新型农业品种的种植力度，提供丰富多样的生鲜食品和绿色有机产品。二是继续提高农产品质量和安全，深化农业供给侧结构性改革可以引入现代农业技术和管理模式，提高农业生产过程中的质量控制和卫生安全标准，通过加强对农药使用、畜禽养殖和农产品加工的规范管理，减少农产品的污染物和残留物，保障食品安全，为打开绿色农产品提供保障，满足消费者绿色食品的安全需求。三是进一步化解农业生产矛盾。提高农业生产要素的配置效率，改善农业生产条件，解决农民面临的种子、肥料、农药、水源等供给困难问题，提高农业生产的可持续性和效益。四是持续促进农民增收和农村的发展。深化供给侧结构性改革推动农业绿色发展、高质量发展，有助于提高农民收入水平，推动农业增加值的提升，通过发展农产品加工业、农村旅游、农村电商等农业服务业，提供更多的就业机会和增值空间，也间接为农业高质量发展提供契机，促进农村经济的发展。五是进一步推动农业可持续发展。通过调整农业的结构和方式，提高土地、水资源和生态环境的保护与利用效率，减少资源浪费和环境污染，从而实现农业的可持续发展和生态农业的建设。

因此，深化农业供给侧结构性改革是推动农业高质量发展的关键举措，将深化供给侧结构性改革与扩大内需深度结合，提高农业的竞争力和市场适应性，实现农业的转型升级和长期可持续发展。

8.2　构建现代农业产业体系：产业链与价值链提升

现代农业产业体系是集食物保障、原料供给、资源开发、生态保护、经济发展、文化传承、市场服务等产业于一体的综合系统，是多层次、复合型的产业体系，主要包括了农产品产业体系、多功能产业体系、现代农业支撑产业体系。

农业高质量发展是以绿色为底色，在其基础上实现农业高质量发展、现代化发展。要构建农业绿色发展产业体系，夯实绿色基底。构建农业绿色发展产业体系是在农业生产、加工、流通和消费等各个环节中采用环保、可持续的方式，促进农业的可持续发展和生态环境的保护。随着人口增长和城市化进程加快，农业生产面临着越来越大的压力。传统的农业模式已经无法满足人们对粮食安全和生态环境的需求，而农业绿色产业体系作为一种可持续发展的农业发展体系，能实现农业生产的可持续发展，确保粮食安全的同时保护生态环境。推动农村产业的绿色化，实现农民增收、农村经济的繁荣，进而提升农民的生活水平，促进农村的绿色发展、高质量发展以及可持续发展。为了满足日益增长的消费需求，农业生产必须向高效、绿色和可持续的方向发展，而产业体系的构建则有效地实现这一目标，通过产业体系的构建，将各种绿色生产要素有机地结合起来，形成一个完整的生态系统。

构建农业绿色发展产业体系是实现中国农业高质量发展的重要支撑。一是在保障食物安全方面，构建农业绿色发展产业体系要保障人们的食品需求，这意味着需要提高农业生产效率，确保粮食和农产品的供应充足，同时注重农产品的品质和安全。为实现这一目标，要推广绿色、高效的农业技术和生产方式，加大对农业科技创新的投入，提高农业生产的附加值，以此提高农业生产效率。要建立健全农产品质量监管体系，推广有机、绿色、无公害农产品，提高农产品的品质和安全水平，以此提升农产品质量。要根据市场需求和资源条件，优化农业产业结构，发展特色农业、高效农业和生态农业，以此优化农业产业结构。二是在农业经济发展方面，构建农业绿色发展产业体系，要发展绿色农业，提高农业生产的附加值，推动农业产业升级，提高农民收入水平，促进农村经济发展。在发展绿色农业中，推广生态农业、有机农业等绿色生产方式，推动绿色农产品生产和流通，提高绿色农业的效益和市场竞争力。在推动农业产业升级中，加大对农业产业的投资力度，推进农业产业集群建设，促进农业产业链的完善和发展。在提高农民收入水平中，加大对农民的扶持力度，提高农民的技能和素质，增加农民的就业机会和提高农民的收入水平。三是在资源保护和生态保护方面，合理利用土地、水资源等资源，保护生态环境，推广生态农业和有机农业，促进农业可持续发展。加强对土地、水资源等资源的保护和合理利用，推行节约用水、科学施肥等环保措施，实现资源的可持续利用。加大对农业生态环境的保护力度，建立和完善生态补偿机制，鼓励农民使用有机肥料、生物防治等环保方式进行农业生产。积极推广生态农业和有机农业等绿色生产方式，鼓励农民采取环保、可持续的生产方式进行农业生产，促进农业生产与生态环境协调发展。四是在注重文化传承方面，弘扬农耕文化，传承和发展优秀的传统文化，保护和传承文化遗产，促进农业文化旅游等产业的发展。加大对农耕文化的传承和保护力度，推广传统农耕技艺和文化价值观念，以此弘扬农耕文化。利用农村现有的文化资源，积极发展文化旅游产业，开发具有特色的农村旅游产品和项目，推动农村经济多元化发展，以此促进文化旅游产业发展。四是在推进市场服务方面，建立健全农产品市场体系，积极推动农产品的流通体系建设，发展多元化的农产品贸易渠道和模式，促进农产品的流通和贸易往来。因此，要从食物安全、农业经济发展、资源保护和生态保护、文化传承、市场服务等方面的协同发展来构建农业绿色发展产业体系。

在筑牢农业发展的绿色基底后，推动农业发展走向现代化，就要构建现代农业产业体系。在现代农业的发展过程中，构建现代农业产业体系已经成为一个重要的议题。这一体系不仅有助于提高农业生产的效率和质量，而且为农民提供更好的收入和就业机会，促进农村经济的可持续发展。第一，现代农业产业体系能提高农业生产效率。引进先进的农业技术和设备，优化农业生产流程，大幅提高农作物的产量和质量。同时，通过建立完善的农业产业链，包括农产品加工、销售、物流等环节，更好地满足市场需求，提高农产品的附加值，从而增加农民的收入。第二，现代农业产业体系能够促进农村经济的发展。在传统的农业模式下，农民往往处于产业链的最低端，收入水平较低。而现代农业产业体系的建立，能带动农村地区的产业升级，促进农村经济的多元化发展，通过发展农产品加工业、乡村旅游等产业，为农民提供更多的就业机会和收入来源。第三，现代农业产业体系有助于保护生态环境。随着环保意识的不断提高，人们对农业生产的环保要求也越来越高。现代农业产业体系注重采用环保技术和设备，减少农药、化肥的使用量，从而降低对环境的污染。同时，通过发展有机农业、生态农业等模式，也更好地保护生态环境，实现农业的可持续发展。

农业现代化发展是当今中国农业发展的必然趋势，中国农业想要更加持续、更高质量的发展，就必须构建现代农业产业体系。现代农业产业体系是推动农业高质量发展的新引擎，构建现代农业产业体系是实现中国农业高质量发展的重要途径之一。

8.3　促进数字经济和实体经济融合：智慧农业与数字化转型

"发展数字经济是把握新一轮科技革命和产业变革新机遇的战略选择"。近年来，我国数字经济在国民经济中占比显著提升，数字经济占 2021 年 GDP 比重超过 30％。在经济学概念中，数字经济是指人类通过大数据（数字化的知识与信息）的识别—选择—过滤—存储—使用，引导、实现资源的快速优化配置与再生，实现经济高质量发展的经济形态。数字经济不等于虚拟经济，关于数字经济的通俗说法是"数字产业化"＋"产业数字化"。发展数字经济最主要的目的之一，是实现产业智能化。在农业高质量发展中，就是要实现农业产业智能化发展。

实体经济始终是人类社会赖以生存和发展的基础，实体经济是我国经济发展的根基，是财富创造的源泉，实体经济发展得越好，对其他产业的带动作用越强。农业作为实体经济的重要组成部分，作为我国经济发展的基础，必须不断推进其高质量发展。数字经济以其独特的优势，正在全球范围内引发一场深刻的变革，不仅改变了人们的生活方式，也正在重塑传统产业，尤其是农业。在中国农业高质量发展中，农业智能化发展必不可少，促进数字经济和实体经济深度融合，是实现中国农业高质量发展的重要措施之一。数字经济与实体经济深度融合，主要体现在数据驱动的生产方式变革，智能化、物联网技术的广泛应用，以及电商、大数据、人工智能等新业态的发展。

在农业领域，这一融合趋势体现在精准农业、智能农业、智慧农业等新业态的发展。精准农业是以信息技术为支撑，采用 3S（GPS、GIS 和 RS）等高新技术与现代农业技术相结合，对农资、农作物实施精确定时、定位、定量控制的现代化农业生产技术，可最大限度地提高农业生产力，是实现优质、高产、低耗和环保的可持续发展农业的有效途径。通过 3S 技术和自动化技术的综合应用，按照田间每一块操作单元上的具体条件，更好地利用耕地资源潜力、科学合理利用物资投入，以提高农作物产量和品质、降低生产成本、减少农业活动带来的污染和改善环境质量为目的，相对于传统农业的最大特点是，以高新技术投入和科学管理换取对自然资源的最大节约和对农业产出的最大获取，主要体现在农业生产手段之精新，农业资源投入之精省，农业生产过程运作和管理之精准，农用土壤之精培，农业产出之优质、高效、低耗。精准农业并不过分强调高产，而主要强调效益。精准农业将农业带入了数字化和信息化时代，是农业在 21 世纪发展的重要方向。

智能农业是指在相对可控的环境条件下，采用工业化生产，实现集约高效可持续发展的现代超前农业生产方式，就是农业先进设施与陆地相配套、具有高度的技术规范和高效益的集约化规模经营的生产方式。智能农业产品通过实时采集温室内温度、土壤温度、二氧化碳浓度、湿度信号以及光照、叶面湿度、露点温度等环境参数，自动开启或者关闭指定设备。根据用户需求，随时进行处理，为设施农业综合生态信息自动监测、对环境进行自动控制和智能化管理提供科学依据。通过模块采集温度传感器等信号，经由无线信号收发模块传输数据，实现对大棚温湿度的远程控制。智能农业还包括智能粮库系统，该系统通过将粮库内温湿度变化的感知与计算机或手机的连接进行实时观察，记录现场情况以保证粮库的温湿度平衡。无锡阳山镇专门开发桃园种植技术的物联网监测系统，实现了高科技种桃，该镇有 25 亩桃林作为物联网种植园的示范基地，由 22 个传感器和 3 个微型气象站组成的监测系统充当"智慧桃农"。这种绿色农业种植模式有效压缩了成本，提高了经济效益，实现了高产、优品的种植目标。中科院遥感应用研究所开发的基于无线传感网络和移动通信平台的农业生态环境监测系统，解决了大棚内监测温度、湿度的困难，在环境参数超过用户设置的范围时，系统可以通过短信方式向用户报警，同时用户可利用手机短信获取大棚内实时的温度、湿度或者登录网页查看，用户还可以通过手机短信对大棚内的浇灌系统、天棚等设备进行控制。

智慧农业是指现代科学技术与农业种植相结合，从而实现无人化、自动化、智能化管理，集成应用计算机与网络技术、物联网技术、音视频技术、3S 技术、无线通信技术及专家智慧与知识，实现农业可视化远程诊断、远程控制、灾变预警等智能管理。主要应用：一是农业生产环境监控，通过布设于农田、温室、园林等目标区域的大量传感节点，实时地收集温度、湿度、光照、气体浓度以及土壤水分、电导率等信息并汇总到中控系统；二是食品安全，利用技术，建设农产品溯源系统，通过对农产品的高效可靠识别和对生产、加工环境的监测，实现农产品追踪、清查功能，进行有效的全程质量监控，确保农产品安全。2022 年，黑龙江省启动了一项"智慧农业"项目，投资 1.5 亿元人民币，将研制无人农机系统，建设"无人农场"。

数字经济与实体经济的深度融合对推动农业高质量发展具有重要作用。数字技术的应用能够帮助提高农业生产的效率和质量，利用物联网技术，农民能够实时监测土壤湿度、气候变化和作物生长情况，从而更好地管理农田和作物生长情况。通过使用大数据分析和人工智能技术，农民能够更加准确地预测病虫害等自然灾害，及时采取措施减少损失（图 8-1、图 8-2）。

图 8-1　黑龙江省庆安县数字农业指挥中心平台上展示的黑土地情况
来源：新华社。新华社记者张涛摄。

图 8-2　北大荒数字农业指挥中心
来源：新华社。

　　将云计算和区块链技术运用到农业生产链中，促进农业的精细化管理和农产品质量追溯体系的建设。在优化农产品供应链方面，数字技术的应用将优化农产品的生产、加工、流通和销售环节，建立的农产品溯源体系和物流信息平台，实现农产品从农田到餐桌的全链条信息追溯，提高产品质量和安全性。电子商务平台和移动支付等数字经济工具的应用，方便消费者直接购买农产品，减少中间环节，提高农产品流通效率以及促进农民增收。在促进农村产业升级方面，数字经济的发展能推动农村产业结构升级，农村企业和农民合作社开展电子商务和电子支付等业务，扩大市场覆盖面和销售渠道。在推动农业绿色可持续发展方面，数字经济进行融合应用，利用传感器、远程监测和智能控制技术，农业生产更加智能化和精细化，减少对水资源、化肥和农药的使用，减少对环境的污染。在促进数字经济与实体经济的深度融合中，政府要出台相关政策，鼓励和支持数字经济与实体经济的深度融合。同时，应加强对新业态、新模式的扶持，为农业高质量发展提供政策保障。要加大对农业智能化、物联网技术的研发力度，提高农业生产效率，降低生产成本。同时，应加强数据安全保护，确保数据安全。要根据各地的资源禀赋和产业基础，优化农业产业布局，推动数字经济与实体经济的深度融合。要积极培育和发展电商、大数据、人工智能等新业态，推动农业向数字化、智能化、智慧化方向发展。要加强农业数字化人才的培养，提高农民的数字素养和技术水平，为数字经济与实体经济的深度融合提供人才保障。数字经济的发展将会推动农业的标准化、规模化和品牌化，提高农业生产效率，带动农业产业链的延伸，形成新的商业模式和消费业态，为农业提供新的市场机遇，推动农业的转型升级。

8.4　发展农业新经济：新业态与新模式的探索

大力发展农业新经济是实现农业高质量发展的时代要求。农业新经济是利用信息技术、互联网、大数据等现代科技手段，推动传统农业向数字化、智能化、绿色化、可持续发展的转型升级的经济模式。农业新经济以技术驱动、创新发展为核心，整合各方资源，提高农产品生产效率，优化农业供应链，提升农业附加值和农民收入水平。农业新经济依托互联网和信息技术的发展，实现农业信息化的全面覆盖，通过物联网、云计算、人工智能等技术手段，实现农产品生产全程监控、精准施肥、无人机作业、智能灌溉等一系列农业生产管理手段，提高农作物的品质和产量。同时，农业新经济通过大数据分析和人工智能算法，实现农产品市场需求预测和农业生产优化，对海量农业数据进行收集、整理和分析，根据市场需求制定农产品种植计划，提高农产品的市场竞争力。基于大数据分析和人工智能预算法，进行农作物病虫害的预防和控制，实现绿色、环保的农业生产。此外，农业新经济利用互联网和信息技术手段，在农村地区可以开展电子商务、农业旅游、农产品加工等多种形式的农业产业，给农民提供了更多的就业机会，促进农村经济的快速发展。农产品加工和农业旅游等新业态的发展，使得农民从传统的农业生产者转变为农业经营者和服务提供者，增加了农民的收入来源。

农业新经济成为农业发展的重要方向，大力发展农业新经济对实现中国农业高质量发展有着重要作用。一是提高农业生产效率。引入先进的农业科技和管理技术，提高农业生产的效率和产量。利用机械化种植、无人机巡视、智能监控等技术手段，减少人力投入和劳动强度，提高农作物的密度和产量。此外，通过数字化管理和精准农业技术，实现农业生产的精细化管理，提高农作物的品质和产出。

二是保护生态环境。传统的农业生产方式更多地依赖于大量的化肥、农业和水资源，导致土壤污染、水资源浪费和生态破坏，而农业新经济则更加注重生态环境保护和可持续发展，通过生态农业、有机农业和循环农业等方式，减少对环境的污染和破坏。例如，采用有机农业种植方式可以减少化肥和农药的使用，减少土壤和水质的污染；循环农业可以充分利用农业废弃物和农作物残渣，实现资源的循环利用（图 8-3）。

图 8-3 现代循环农业助兰州新区绿色发展
来源：新华社。

三是提升农产品质量。随着消费者对食品安全和质量的要求越来越高，农产品的质量也是衡量一个国家农业发展水平的重要指标。通过引用国际先进的农业技术和管理经验，提高农产品的质量和安全性。例如，采用科学的农作物选育和种植管理方法，提高农作物的品质和口感；健全质量检测和溯源体系，保证农产品的安全和可追溯性。

四是提升农产品附加值。传统农业以初级农产品生产为主，附加值较低，而农业新经济通过延长农业产业链、发展农产品加工业、打造农业品牌等，可以将普通农产品转化为高附加值商品。例如，将普通的水果加工成果汁、果干、果酱等高附加值商品，不仅延长了农产品的保质期，还满足了消费者多样化的需求。此外，农业新经济通过发展冷链物流、仓储配送等环节，减少了农产品在流通环节的损耗，进一步提升了农产品的市场价值。

五是增加农民收入。传统农业生产方式往往收益有限，农民收入水平较低。大力发展农业新经济，提高农业生产效益和附加值，增加农民的收入来源。例如，通过农业科技合作社和农业合作经济组织提供农产品的销售渠道和市场支持，增加农民收入。

8.5 强化农业全产业链融合：生产到消费的协同发展

农业全产业链融合是指通过制度、技术和商业模式创新，将农业与农产品加工、流通和服务业等渗透交叉，形成新产业新业态新模式，实现产业跨界融合、要素跨界流动、资源集约配置、联农带农紧密的经营方式。农业全产业链融合将农业生产的各个环节有机地结合起来，形成一个完整的产业链，从农田耕作到农产品加工再到销售和消费，实现农业产业的高效运作和增值。农业全产业链融合的关键是将种植、养殖、加工、销售等环节有机地连接起来，并且农业全产业链的融合已经成为现代农业发展的必然趋势，这种融合最大限度地发挥农业资源的综合效益，提高农业产业的竞争力和可持续发展能力。

一是农业全产业链融合能实现资源的优化配置。第一，农业资源包括土地、水源、肥料等，这些资源在传统农业中往往只能局限于某个环节的利用，而通过融合，各个环节之间的资源充分流动和共享，使得资源得到最优化的配置。例如，农田的灌溉水通过管道输送至需要的地方，减少因水源不足导致的浪费，并提高了灌溉效率；农田的剩余秸秆用来制作有机肥料，降低了对化肥的依赖，减少了环境污染。第二，资源的优化配置将生产环节之间的信息共享，避免重复投入和资源的浪费。例如，种植环节根据加工环节的需求，合理调整种植品种和数量，减少农产品的损耗和库存积压，降低生产和加工成本。第三，实现生产环节的协同和优化配置，降低生产成本。通过整合产业链上下游的企业和农户，实现规模化经营和资源共享，减少中间环节的损耗以及物流成本等，降低农产品生产成本。

二是农业全产业链融合能实现生产的规模化和专业化。在实现生产的规模化方面，传统农业中农户的规模较小，难以获取规模经济效益，而通过全产业链融合，整合资源，优化产业布局，扩大生产规模，降低生产成本，增加产出，提高农产品的市场竞争力。例如，农民通过合作社、农业企业等方式组织起来，共同投资建设大型农业基地或农业园区，实现规模化生产。在实现生产的专业化方面，传统农业中农民往往只专注于某一种农作物或养殖业，缺乏专业技术和管理经验，而通过全产业链融合，引入专业化的管理和运营。例如，引进专业农业企业或技术团队，提供技术指导、品种选择、良种繁育、病虫害等方面的支持。因此，在传统农业中的农民自己种植、收割、加工和销售农产品，这种模式限制了生产的规模和效率，而通过融合，将农业生产分为不同的环境环节，由专门的企业或者合作社来负责，更好地利用现代化的农业科技手段，提高生产效率以及农产品质量，实现生产的规模化和专业化（图8-4）。

图 8-4　宁夏青铜峡市大坝镇利民村蔬菜基地
来源：新华社。

三是农业全产业链融合能提高产品附加值。第一，农业全产业链的融合实现优质种植技术的传递和应用，通过科学耕作、合理施肥、安全防治等方式提高农作物的品质和产量，生产出更具有市场竞争力、获得更高价格的优质农产品。第二，融合农业全产业链，将农产品进行初级加工、深加工，转变为具有更高附加值的产品。传统农业产品往往只是简单的原材料，较少经过加工和包装，使得产品的附加值低，而通过全产业链的融合，在农产品的各个环节中增加附加值。例如，农产品经过精细加工和包装后，成为方便食品、健康食品等高附加值产品；农产品的副产品也充分利用起来，提高产品的利用率，增加附加值。第三，农业全产业链的融合实现农产品的品牌建设和营销推广。建立知名品牌，提升产品的影响力和信誉度，吸引更多的消费者购买并提高品牌认同感，使产品附加值得到提升。

四是农业全产业链融合能促进农村经济发展和农民收入增加。第一，在农业全产业链融合中优化了农业资源配置后，农业生产、农副产品加工等环节不同资源优化整合，资源的利用率有效提高，土地、资金、劳动力等资源合理配置，从而实现农业产业的协同发展，提高农村经济整体效益。第二，在农业全产业链中，农村产业规模逐渐扩大，农村的就业渠道也就逐渐拓宽，为农民提供了更多的就业机会，不仅促进农民就地就业，还吸引了城市人员回流农村创业，进一步提高农民的就业和收入水平。第三，农业全产业链的融合，使农产品从生产到销售的各个环节得到有效统筹和协同，降低流通环节中的损耗费用，农民通过参与农业产业链的农产品加工业、农产品流通等环节，以及参与到农业合作社、农产品销售平台等，增加农民收入。第四，农业全产业链的融合发展，促使乡村旅游与农业观光的发展，通过打造农业生态旅游景区、农田观光基地等，吸引游客前来参观、体验以及购买农产品，进一步增加农民的收入来源。

8.6 创新农业高质量发展体制机制：政策与制度保障

高质量发展体制机制是指在经济社会发展过程中，建立和完善一系列制度、机制和政策，以实现经济高质量发展的目标。高质量发展体制机制的建立旨在提高经济增长速度的同时，注重提升经济结构的合理性、效率的提升以及生态环境的保护。高质量发展体制机制需要建立一个健全的市场经济体制，市场经济体制作为高质量发展的基础，通过市场供需关系的调节实现资源的优化配置，提高资源利用效率。高质量发展体制机制需要完善的环境保护政策，环境保护是实现高质量发展的必要条件，与绿色发展理念深度结合，有效推进"两山"理念。高质量发展是中国经济发展的重要目标，而农业作为国民经济的基础和重要支柱之一，在实现高质量发展中扮演着关键角色，为了促进农业绿色发展、高质量发展，建立健全的农业高质量发展体制机制是至关重要的。

一是更好发挥有效市场和有为政府的"两手"作用。第一，有效市场在农业高质量发展中的作用是不可或缺的。有效市场能够提供公平竞争的机制，促进资源的优化配置和农产品价格的合理形成，通过市场的供需关系和价格信号，农业生产者根据市场需求来调整生产结构和农产品品种，从而提高农产品的质量和适应市场需求。同时，有效市场还能够吸引投资和创新，推动农业科技进步和技术转化，提高农业生产效率和降低成本。第二，有为政府在农业高质量发展中的作用也不可忽视。有为政府能够通过宏观调控和政策引导，提供必要的支持和保障。政府可以加强对农业市场的监管和规范，打击行业乱象和不正当竞争，保证市场秩序的正常运行。政府还可以推动农业产业结构调整和转型升级，通过扶持优势农产品和重点农业区域的发展，引导农业向高效、高附加值方向发展。同时，政府也能加强农业科技创新支持，提供农业生产资金和贷款保障，促进农业现代化的进程。有效市场和有为政府的相互作用，能形成一个相对完善的农业高质量发展体制机制。市场在资源配置中起决定性作用，根据农产品供需关系引导农业生产者调整生产结构和产品品种，而政府作为调控和引导的力量，提供必要的支持和保障，推动农业产业结构优化和转型升级。这样的机制能激发农业生产者的积极性和创造性，提高农业生产效率和质量，实现农业高质量发展的目标。只有市场和政府相互配合，形成合力，才能形成有效的农业高质量发展体制机制，实现农业的高质量发展。

　　二是更好发挥行业规范与国际标准的作用。第一，形成农业高质量发展体制机制可以促进农业行业规范的制定和执行。通过建立健全农业标准化管理体系，确保农业生产和经营活动符合科学、合理的要求。行业规范的制定可以提供统一的操作指南，有助于保障农产品的质量和安全。同时，这些规范还可以加强农业生产的可持续性，推动绿色农业的发展，减少对环境的不良影响。第二，形成高质量发展体制机制可以提升农产品的国际竞争力。在全球化的背景下，国际市场对农产品的质量和安全要求越来越高。通过引入国际标准，逐步与国际接轨，农产品出口国能够更好地满足国际市场需求，提高产品的附加值和竞争力。同时，国际标准的采纳有效帮助农业企业与国际市场接轨，拓宽市场渠道，提升市场份额，促进农业产业的可持续发展。形成农业高质量发展体制机制能更好地发挥行业规范和国际标准的作用，有助于提升农业发展的质量和效益，推动农业产业转型升级，促进农民收入增长，同时也为消费者提供更加安全、健康和优质的农产品。

　　三是更好发挥金融支持与风险防控的保障作用。第一，金融支持是农业高质量发展的关键环节。农业高质量发展需要大量的资金投入，包括农业基础设施建设、农业科技研发、农业产业链延伸等。通过完善农村金融服务体系，创新金融产品和服务模式，能够为农业高质量发展提供资金支持。例如，发展农业保险、农业信贷、农业投资基金等金融工具，帮助农民和农业企业解决融资难题；通过政策性金融和商业性金融的结合，引导更多社会资本进入农业领域，推动农业现代化和产业化发展。第二，风险防控是农业高质量发展的重要保障。农业生产面临自然风险、市场风险和政策风险等多种不确定性因素，建立健全农业风险防控机制，能够有效降低农业生产和经营的风险。例如，通过发展农业保险，为农民提供自然灾害、病虫害等风险的保障；通过建立农产品价格稳定机制，减少市场价格波动对农民收入的影响；通过加强农业政策的风险评估和预警，提高政策的科学性和稳定性。金融支持与风险防控的结合，能够为农业高质量发展提供坚实的保障。通过完善农村金融服务体系和风险防控机制，降低农业生产的风险和成本，提高农业经营的稳定性和可持续性，为农业高质量发展创造良好的金融环境。

8.7　推动形成农业新发展格局：国内国际双循环路径

　　农业新发展格局是在农业现代化进程中，随着科技进步和经济社会发展的要求，农业生产方式、农业产业结构、农村区域布局和农民收入分配等方面发生的重大变革。农业新发展格局以农业现代化为目标，通过科技创新和制度改革，推动农业生产方式从传统的劳动密集型向资本和技术密集型转变，优化农业产业环节后，提高农业生产效率和质量，实现经济循环流转和产业关联畅通。

一是打通农业产业堵点。第一，通过调整农作物种植结构和养殖业布局，提高农产品质量和产量，推动种养结合、农林结合等多元化农业产业发展，降低农业资源过度利用和环境压力。第二，通过加强农村基础设施建设，提高农田水利设施覆盖率，加大农业科技研发投入，提高农业机械化水平和劳动生产率，提高农业生产效益。第三，通过加强农业与农村经济社会其他领域的联系，打破农业与非农业之间的壁垒，促进农业与服务业、制造业的深度融合，实现产业关联畅通。同时，加强农村金融、保险等金融服务的支持，为农业发展提供金融保障。在农业新发展格局下，打通农业产业堵点，实现农产品的高效流通和产业的协同发展，农产品能迅速从产地到消费者手中，农业供应链的效率和透明度得到提升，农业收入得到增加，农业经济实现循环和可持续发展。同时，农业与相关产业的紧密关联也能促进资源的有效利用和产业结构的协调发展，推动农村经济社会的全面进步。

二是贯通生产、分配、流通、消费各环节。第一，在生产环节上，农业新发展格局强调持续推进农业现代化，提高农业生产技术和管理水平。通过加大科技投入，推广现代农业生产技术和方式，提高农作物和畜禽养殖的产出效益。同时，加强农业节约资源和生态环境保护，实施绿色农业，提高农产品质量和安全。第二，在分配环节上，农业新发展格局注重优化农产品价格形成机制，建立健全农业市场体系。通过市场化的方式，调节供求关系，确保农民获得合理效益，推动农业增加值的提高。第三，在流通环节上，农业新发展格局注重发展现代农产品物流和农村电子商务，促进农产品流通的便捷和有效性。通过建设网络化的农产品流通体系，改善农产品的销售渠道，降低物流成本，提高市场竞争力。注重发展农村电子商务平台，促进农村物流和电商的深度融合，扩大农产品的市场覆盖面。第四，在消费环节上，农业新发展格局更注重提高农产品的质量和品牌形象，满足消费者日益增长的多样化需求。通过加强营销推广和品牌建设，提高农产品的附加值和溢价能力。与此同时，推动农产品加工业的发展，提供多样化的农产品加工产品，增加农产品消费品种。

三是畅通农业发展的内外循环。第一，优化内循环，提升农业自我发展能力。发展有机农业、功能农业等新型农业模式，提供高品质、个性化的农产品，满足消费者对健康、安全食品的需求。同时，通过加强农产品品牌建设，提升农产品的附加值和市场竞争力，推动农业经济的良性循环。第二，强化外循环，提升农业国际竞争力。农业外循环的核心在于通过加强国际合作和市场开拓，提升中国农业的国际竞争力，推动农产品国际贸易，实现农业经济的国际化发展。在科技创新方面，通过加强与国际农业组织和企业的合作，引进先进技术和管理经验，提升中国农业的科技水平和生产效率。在市场开拓方面，通过推动农产品国际贸易，拓展海外市场，提高中国农产品的国际市场份额和附加值。建立海外农产品销售网络，拓宽农产品的销售渠道，提高市场覆盖率。在产业链融合方面，通过积极参与全球农业产业链分工，推动中国农业与世界农业的深度融合。加强内外循环的协同联动，需要进一步完善农业支持政策、建立健全农业市场体系等，为农业内外循环提供制度机制保障。

在着力打通农业产业堵点，贯通生产、分配、流通、消费各环节后，推动实现农业供求动态均衡。平衡不同地区、不同时间段的需求与供给，使农产品的流通更加顺畅，有效避免过剩和短缺情况的发生。统筹调节供求关系，引导农民根据市场需求调整农作物的种植结构和生产规模，激发农业产业链条的协同发展，实现农业资源的循环利用和生态环境保护，推动农业生产方式向可持续发展的轨道转变，促进农村经济多元化发展。

8.8　着力高质量人才培养：科技人才与高素质农民培育

在经济社会的不断变化发展下，各行各业的竞争，归根结底都是人才的竞争，尤其是高素质、高水平人才的竞争。2023 年，《中央党内法规制定工作规划纲要（2023—2027 年)》明确提出，坚持党管人才原则，构建科学规范、开放包容、运行高效的人才发展治理体系，构建适应高质量发展的人才制度体系。"青年人才是国家战略力量的源头活水。农业农村高质量发展离不开青年农业科技人才的技术支持和智力支持[①]。"农业高质量发展，必不可缺的是能够推动农业发展的、具备技术和智力的高质量人才。

农业高质量人才具备先进的农业知识和技术，能有效地应用科学方法和现代农业技术来提高农作物的产量和质量，了解最新的种植技术、育种方法、病虫害防治等策略和农业机械的运用，帮助农民解决实际生产中遇到的问题，通过培养农业发展的高质量人才，助力农业生产力的提升。农业高质量人才也是推动农业科技创新的中坚力量，他们通过科学研究和实践经验，改进农业生产方法、农业机械和农产品加工技术，推动农业产业的升级和发展，并且与科研机构合作，进行创新性的研究，寻求解决农业面临的挑战和问题的方法和策略。农业高质量人才还具备食品安全和质量监控的知识和技能，建立和实施食

---

① 田甜. 以新发展理念引领青年农业科技人才高质量发展［EB/OL］.（2023 - 03 - 15）［2023 - 11 - 21］. https：//www. gmw. cn/xueshu/2023 - 03/15/content _ 36430951. htm.

品安全管理体系,确保农产品的安全和合规,进行农产品质量和监测,提供标准化的农产品质量评估与认证服务,因而提高食品安全,保障人民群众的饮食健康。农业高质量人才具备环保意识和可持续农业知识,既引导农民采取可持续的耕作方式、生态农业技术和资源节约的农业措施,又开展有机农业、水资源管理、土壤保护和生态灾害防治等方面的工作,推动农业向更环保和更可持续的方向发展。

对于农业发展的高质量人才的培养要从以下几个方面进行。第一,建立健全农业教育体系,包括提供高质量的农业专业知识课程和培训项目,通过设立农业学院、农业专业学校和培训中心来实现,并且教育和培训应当注重理论与实践相结合,培养人才在实际农业生产中的操作技能和解决问题的能力。第二,强化实践教育和技术培训,提供实践机会和实地实习,让培养人员和实践农民、农业技术人员紧密联系,并且定期举办农业技术培训班和研讨会,邀请农业专家和学者传授最新的农业科学知识和技术,提升农业人才的专业水平。第三,建立农业科研平台,完善农业科研机构和实验基地,鼓励农业高校和科研机构合作与交流,为农业科研人员提供充足的资源,激励农业科研人员进行创新性的科研工作,推动农业科技的发展和应用。第四,加强产学研合作,建立农民、农业企业和农业科研机构之间的紧密合作关系,促进产学研三方的交流与合作,通过技术转移、科研项目合作、农业专家派驻农田等方式,将科学成果和农业技术应用于实际生产中。第五,提供激励机制和奖励措施,为农业高质量人才提供良好的薪酬待遇、晋升机会和发展空间。同时,设立农业科技创新基金会、奖学金和科研项目资助等,鼓励农业人才积极参与创新和研究。第六,加强国际合作与交流,促进国际农业人才交流与合作,邀请国外专家讲授和培训,鼓励国内农业人才到国外进行学习、进修和培训,通过开展国际合作,了解和借鉴国外的农业发展经验和技术,提升国内农业人才的国际视野和竞争力。农业人才是重要影响因素,必须培养能推动农业发展的高质量人才,才能发展农业科学技术,推动中国农业高质量发展。

8.9 打造农产品特色品牌:品牌化与文化价值提升

在当今竞争激烈的市场环境中,农产品品牌的建设与塑造已经不可忽视。品牌不仅是产品的标识,更是企业形象、品质保证和消费者信任的象征。对于农产品来说,品牌建设的重要性更加凸显,因为农产品是人们日常生活的重要组成部分,直接影响着人们的健康和福祉。与此同时,品牌文化则是品牌价值的源泉,是品牌持续发展的关键。一个成功的农产品品牌,能让消费者快速识别并记住产品特点,从而增加产品的曝光度和认知度。品牌价值是品牌的核心，它来源于消费者对品牌的认知和情感联系，通过塑造农产品品牌，增强消费者对产品的信任和好感，从而提高品牌价值。而成功的农产品品牌可以打破地域限制，将产品推向更广阔的市场空间。品牌文化则是赋予产品更深层次的意义和价值，使消费者在购买过程中获得更多的满足感，与消费者建立情感联系，培养消费者的忠诚度，使消费者更愿意主动推荐和传播品牌。同时，品牌文化是企业的软实力，展示企业的价值观、理念和精神风貌，从而提升企业的整体形象。

在塑造农产品品牌中，就是要实现农产品品牌化。农产品品牌化是指农产品经营者根据市场需求与当地资源特征给自己的产品设计一个富有个性化的品牌，并取得商标权，使品牌在经营过程中不断得到消费者的认可，树立品牌形象，提高市场占有率，实现经营目标的一系列活动。农业企业为生存、发展，必须考虑降低推介成本，提高推介效率。由于市场上农产品的品种繁多，竞争激烈，消费者被纷繁的信息所困扰，就会陷入信息的"爆炸式增长"，对新信息有排斥情绪，农业企业的产品销售就会产生困难，而农业企业如果采取品牌策略，用品牌将农业企业和产品信息"打包"呈现给消费者，可以达到降低农业企业推介成本、促进销售的目的。因而，要着力加强农产品品牌化建设。第一，要明确品牌定位。品牌定位是农产品品牌化的第一步，决定了品牌的市场份额和目标人群。在进行品牌定位时，要了解市场需求和竞争情况，找到自身农产品的优势和特色。通常，品牌定位可以围绕产地、产品种类、品质、口感、文化等方面展开。第二，要建立品牌形象。品牌形象是消费者对品牌的认知，包括品牌名称、标志、包装、广告语等。建立品牌形象时，要注重设计感，简洁明了，易于识别。同时，要选择合适的宣传渠道和宣传内容，通过故事化营销、情感共鸣等方式传递品牌价值。第三，要提升产品质量。产品质量是农产品品牌化的基础，也是消费者选择的关键因素。在生产过程中，要注重品质控制，确保农产品安全、健康、优质。同时，要建立完善的追溯体系，让消费者了解农产品的生长过程，增加信任度。第四，要加强渠道建设。渠道是农产品销售的关键，也是品牌化的重要环节。要加强线上线下渠道建设，拓宽销售渠道，提高市场覆盖率。同时，要注重与大型商超、电商平台等合作，提高品牌知名度和影响力。第五，要加强品牌宣传推广。品牌宣传推广是农产品品牌化的重要手段，通过广告、公关、活动等方式进行。在宣传推广过程中，要注重与目标人群的互动，了解他们的需求和反馈，不断优化品牌形象。第六，建立完善的售后服务体系。售后服务是农产品品牌化的重要保障，增强消费者对品牌的信任感和忠诚度。建立完善的售后服务体系，包括投诉处理、售后咨询、产品配送等方面，确保消费者得到满意的解决方案。第七，要持续创新与优化农产品。品牌化是一个持续创新与优化的过程，要关注市场变化和消费者需求，不断推出新品，优化现有产品线。同时，要关注农业科技发展，引入新技术和新品种，提高农产品品质和附加值。

实现农产品品牌化的同时，要塑造品牌文化。品牌文化是某一品牌的拥有者、购买者、使用者或向往者之间共同拥有的、与此品牌相关的独特信念、价值观、仪式、规范和传统的综合；也指通过赋予品牌深刻而丰富的文化内涵，建立鲜明的品牌定位，并充分利用各种强有效的内外部传播途径形成消费者对品牌在精神上的高度认同，创造品牌信仰，最终形成强烈的品牌忠诚。消费者对品牌的忠诚度、信任度，是实现产品可持续发展的关键。消费者是社会人，具有复杂的个性特征，受同一经济、文化背景的影响，其价值取向、生活方式等又有一致性，为塑造品牌文化提供了客观基础。在市场细分基础上确立目标市场之后，对目标市场消费者的文化心态进行深入调研，将它与商品的效用联系起来，为品牌塑造典型的文化个性，达到促销的目的。品牌文化在文化共鸣的基础上，打开产品的销售市场，促进农产品销售。要塑造品牌文化，一是了解并尊重产品源头，了解并尊重农产品的源头是塑造品牌文化的基础。了解农产品的生长环境、土壤、气候等因素，向消费者传达出对产品的尊重和负责。这种尊重和负责的态度体现在品牌的理念和广告中，增强消费者对品牌的信任感。二是提炼品牌的核心价值，农产品品牌的核心价值应该是以品质为基础，包括健康、安全、有机、绿色等元素。这些元素要成为品牌传播的核心内容，以突出品牌的价值主张。品牌的核心价值应贯穿于所有的营销活动中，成为消费者识别和记忆品牌的重要特征。三是创造有感染力的品牌故事，故事是塑造品牌文化的重要工具。一个引人入胜的品牌故事能够使消费者对品牌产生共鸣，增强品牌的情感联系。农产品品牌讲述与产品源头、生产过程、品质保证等相关联的故事，使消费者对产品有更深的了解和认同。在竞争激烈的现代市场中，农产品品牌文化已成为品牌建设的关键要素。品牌文化是品牌的灵魂，是消费者对产品品牌的认同感和归属感，它能激发消费者的情感需求，并产生长期的品牌忠诚度。

塑造农产品品牌和品牌文化，是实现农业高质量发展的重要途径之一，优秀的农产品品牌和深入人心的品牌文化，是保障农产品持久发展的重要条件，能有效拓宽农产品市场，促进农产品经久不衰，为农业的发展、农产品的发展带来良好效益。

8.10 坚持自立自强发展道路：自主创新与核心竞争力提升

自立自强的核心是科学技术，走自立自强的农业发展道路，就是实现高水平农业科技自立自强，走具有中国特色的农业科技自立自强发展道路，以农业科技自立自强支撑农业强国建设。农业科技是用于农业生产方面的科学技术以及专门针对农村及城市生活方面和一些简单的农产品加工技术，包括种植、养殖、化肥农药的用法、各种生产资料的鉴别、高效农业生产模式等几方面。实现高水平的农业科技自立自强，既要瞄准未来农业科技趋势，又要创新农业科技制度。

在瞄准未来农业科技趋势中，必须着眼于未来农业科技制高点和新兴产业高地，着眼于强化国际引领性技术和颠覆性技术的竞争力。一是要发展生物育种核心技术。加快农业生物育种创新，是贯彻落实中央决策部署实现高水平科技自立自强的关键举措。生物育种是利用遗传学、细胞生物学、现代生物工程技术等方法原理培育生物新品种的过程，主要有杂交育种、诱变育种、多倍体育种、单倍体育种、细胞工程育种（组织培养育种）、基因工程育种（转基因育种）等。种子是农业的核心，关系到国家的粮食安全，发展生物育种更是建设种业强国的首要任务。农业生物育种技术通过改良农作物的遗传特性，使其更适应特定的环境，抵抗病虫害，提高产量。例如，抗旱、抗倒、耐储存的农作物新品种的培育，大大提高了农业生产效率，减少了农业生产的风险，使得农业生产力得以显著提升。通过生物育种技术，培育出具有优良品质的农作物，这些新品种不仅口感和营养价值更高，而且能适应更广泛的消费需求和市场变化，进一步满足了消费者对健康、美味农产品的追求。生物育种技术的应用能够有效减少化学农药和化肥的使用，从而改善土壤环境，保护生态环境。这不仅减少环境污染，还有助于保障食品安全，满足人们对健康食品的需求。农业生物育种技术通过培育适应环境变化、产量稳定、品质优良的农作物新品种，实现农业生产的良性循环，提高农业生产的可持续性，满足未来农业发展的需求，是实现农业可持续发展的重要手段。

二是要发展绿色农业关键技术。绿色农业是未来农业发展的重要趋势，并且绿色低碳循环技术是提升世界各国产业绿色竞争力的关键所在。绿色农业技术是对可持续农业发展理念的实践，旨在减少对环境的不良影响，提高农产品的质量和产量，实现保护自然资源和生态系统。随着环保意识的提升和科技的进步，绿色农业技术正逐渐成为全球农业发展的主流。实现绿色农业技术的关键要素是：采用环保种植技术，如生物防治、物理防治和合理使用化肥和农药，减少对环境的污染；采用节约水资源技术，通过改进灌溉系统，提高水资源的利用效率，减少水资源的浪费；采用废弃物资源化技术，将农业废弃物转化为有价值的资源，如有机肥料，减少废弃物对环境的影响；采用智能化农业技术，利用现代信息技术，如物联网、大数据和人工智能，提高农业生产管理的精准性和效率。农业绿色技术的发展，要加强政策引导，政府应制定绿色农业发展的政策，鼓励和支持绿色农业技术的研发和应用；要加大资金投入，政府和企业应加大对绿色农业技术的资金投入，支持相关科研项目和示范项目；要推广绿色农业知识，通过各种途径，普及绿色农业知识，提高农民的环保意识和可持续发展意识；要建立合作机制，鼓励科研机构、企业、农民等各方建立合作机制，共同推动绿色农业技术的发展；要培养绿色农业技术人才，加强绿色农业技术的人才培养，提高相关人员的专业技能和素质。随着科技的不断进步，绿色农业技术将越来越成熟，为农业的可持续发展提供更强大的支撑。未来的绿色农业技术将更加智能化、精准化、环保化，提高农业生产效率，减少环境污染，保障食品安全，为构建美丽乡村和实现乡村振兴战略贡献力量。

三是要发展智能农业关键技术。智能农业关键技术就是要利用数字化趋势，形成农业数字化高端技术，未来农业会步入数字化农业时代、智能农业时代。发展智能农业技术关键在于研发具有自主知识产权的智能农业技术，包括精准种植、精准施肥、精准灌溉、智能监控等。此外，借助人工智能、物联网、大数据等前沿技术，实现对农业生产环境的实时监测和智能化控制。同时要有政策支持，政策是推动智能农业发展的关键因素。政府加大对智能农业技术的投入，提供研发资金，同时制定相关政策，鼓励企业、科研机构和农户积极参与。还要进行人才培养，智能农业的发展需要既懂农业又懂技术的复合型人才。因此，高校、科研机构应加强相关人才培养，为智能农业的发展提供人才支持。智能农业技术通过遥感、GIS、无人机等技术，实现对土壤状况、作物生长状况的实时监测，从而进行精准种植；通过土壤检测、养分监测等技术，根据作物需求和土壤状况，进行精准施肥；通过物联网、无线传感等技术，实现对农田灌溉的精准控制，有效节约水资源；借助人工智能和物联网技术，实现对农作物的智能化监控，提高农作物品质和产量。在智能农业技术的未来发展趋势中，5G 技术的广泛应用将为智能农业提供更快速的数据传输和更稳定的网络环境，能够分析作物生长数据和环境数据，预测作物产量和病虫害发生情况，为农业生产提供决策依据；无人驾驶农机结合物联网技术，实现农田的自动化耕种和收割，这也将有效提高农业生产效率，降低人力成本，同时减少人为错误；区块链技术能够提高农业生产的透明度和信任度，通过记录农业生产的全过程，区块链技术可以保证食品的安全和质量，从而满足消费者对食品安全日益增长的需求。智能农业技术的发展是一个长期且复杂的过程，只有通过不断的实践和探索，才能更好地利用智能农业技术，实现农业的高效、安全和可持续发展。随着技术的不断进步和市场需求的增长，智能农业将迎来更大的发展机遇。

走自立自强的农业发展道路，关键核心在于有自己的农业技术支撑，但是也需要有农业科技制度的保障。农业科技制度的创新和健全，是发展农业科学技术的重要制度保障。创新农业科技制度，要创新科技研发机制，建立多元化的农业科技研发体系，鼓励企业、科研机构、高校等多方参与，形成产学研用相结合的研发模式；要优化科技资源配置，通过政策引导，优化科技资源在区域、产业、企业之间的配置，提高科技资源的使用效率；要强化知识产权保护，加强农业科技创新成果的保护。建立健全农业科技政策法规体系，为农业科技创新提供法律保障。加大农业科技人才培养力度，提高农业科技人才队伍素质，为农业科技创新提供人才支持。推进农业科技创新平台建设，建设一批具有国际水平的农业科技创新平台，为农业科技创新提供基础支撑。加强科技成果转化与应用，建立科技成果转化与应用机制，促进科技成果的推广和应用，提高农业生产效率。在这其中，各级政府要制定针对性的政策措施，鼓励和支持农业科技创新，引导社会资源向农业科技创新领域聚集；加大对农业科技创新的财政支持力度，设立专项资金，为农业科技创新提供资金保障；加强与国际组织的合作与交流，学习借鉴国际先进的农业科技发展经验，提升我国农业科技创新的国际竞争力；建立健全农业科技评价体系，建立科学、公正、透明的农业科技评价体系，为农业科技创新提供客观、准确的评价依据；优化创新环境，加强知识产权保护，提高创新主体的创新动力和信心，营造良好的创新氛围，激发全社会的创新活力。

在瞄准未来农业科技发展趋势中，要着力发展生物育种技术、绿色农业技术和智能农业技术。农业技术是实现农业自立自强的核心，要创新农业科技制度来保障农业科技的发展。只有不断发展农业科学技术，建立更加健全的农业科技制度，才能在自立自强的农业发展这条道路上走得更加长远、更加稳定、更加安全，才能有坚强的技术核心支撑中国农业高质量发展。

第 9 章
中国农业高质量发展的全球价值

2012 年 11 月党的十八大明确提出要倡导"人类命运共同体"意识，中国作为世界上最大的农业国之一，其农业高质量发展对于全球具有重要价值。中国提出全球发展倡议、共建"一带一路"、构建人类命运共同体等致力于维护世界的和平与发展，中国和联合国粮食及农业组织在全球发展倡议、共建"一带一路"等框架下加强合作，共同建设更高效、更包容、更有韧性和可持续的农业粮食体系，努力推动实现 2030 年可持续发展目标。在当前，全球环境问题日益突出，世界面临着百年未有之大变局，政治多极化、经济全球化、文化多样化和社会信息化潮流不可逆转，各国间的联系和依存日益加深，但也面临诸多共同挑战，粮食安全、资源短缺、气候变化、环境污染等全球非传统安全问题层出不穷，对国际秩序和人类生存都构成了严峻挑战。不论人们身处何国、信仰如何、是否愿意，实际上已经处在一个命运共同体中，人类命运共同体旨在追求本国利益时兼顾他国合理关切，在谋求本国发展中促进各国共同发展，而这一全球价值观包含相互依存的国际权力观、共同利益观、可持续发展观和全球治理观。中国农业高质量发展不仅对中国自身的可持续发展具有重要意义，还为全球农业可持续发展提供了有益经验和示范。

9.1 世界经济发展贡献：为全球经济增长注入新动能

随着中国农业的持续发展和转型，其在世界经济中的贡献日益显著。中国农业高质量发展以其创新的农业技术、现代化的农业生产方式，以及优质的农产品，正逐渐成为全球农业市场的重要推动力，为世界经济的发展做出了重大贡献。

第一，中国农业的高质量发展正在改变全球农业贸易格局。中国的农业科技水平不断提高，农业机械化、智能化水平也在不断提高。截至 2021 年底，中国对中亚五国农业投资存量近 4 亿美元，雇用当地员工近 3 000 人，合作项目涵盖小麦面粉及植物油脂加工、牛羊养殖及屠宰加工、棉花种植及纺织品等多个领域，为当地农业发展贡献了力量。2022 年哈萨克斯坦与中国双边农产品贸易额同比增长 2 倍，达到 7.83 亿美元。2023 年 6 月，中国和新西兰签署了《关于提升农业合作水平的战略规划（2023—2027）》，加强农业发展战略对接，着力提升农业贸易水平，共同推动中新农业合作迈上新台阶。

第二，中国农业高质量发展为全球农业科技创新和合作提供重要机遇。2022 年，我国已有 50 个国家现代农业产业技术体系，建成了 80 个农业农村部重点实验室，农业科技进步贡献率为 62.4%，取得了节水抗旱小麦、超级稻等一批重大标志性成果。农作物良种覆盖率稳定在 96% 以上，农业机械化水平稳步提高，农作物耕种收综合机械化率达 73%。2023 年，召开了第二届中非农业合作论坛，并表明，中国 300 多项先进适用技术在非洲推广，让非洲 100 多万小农户受益；经贸合作更快增长，中非农产品贸易额比 10 年前翻了近一番；农业投资存量保持两位数增速。目前，在新疆的中亚农业研究中心与乌兹别克斯坦棉花研究所等科研机构以及企业共建"一带一路"国际棉花产业科技创新院，在乌兹别克斯坦科技示范区产量达到当地产量 2 倍以上，耗水量为当地水平的 1/3。2018 年，乌兹别克斯坦总统发布总统令，在乌兹别克斯坦全国推广"中国棉花科技示范园"植棉技术。此外还有农科院与乌兹别克斯坦的"中乌水稻联合研究中心"、与哈萨克斯坦的联合实验室等合作。农科院与吉尔吉斯斯坦最大棉花生产企业合作，在吉尔吉斯斯坦推广面积达到 30 万亩。通过推动农业的高质量发展，中国不仅积累更多的农业科技创新经验，还与其他国家分享和合作，共同推动全球农业科技的进步和应用，这将有助于解决全球农业面临的共同挑战，提高全球农业的生产效率和可持续性。

第三，中国农业高质量发展推动高质量农产品的国际合作。中国农业高质量发展注重产品质量和安全，通过科学种植、精细管理和环境友好措施，提供安全、健康和高质量的农产品，通过推动国际合作，在全球范围分享最佳实践，共同应对农产品质量和安全的挑战，这既能提升中国农产品的国际竞争力，又能提高全球农产品的整体质量与安全水平，为全球消费者谋福利。2022 年，中国农产品出口额为 981.9 亿美元，2023 年上半年，中国农产品出口额为 477.1 亿美元。2022 年，中国与《区域全面经济伙伴关系协定》其他 14 个成员农产品贸易额 1 060.3 亿美元，创历史新高，同比增 13.2%，比我国与全球农产品贸易额同期增速高 3.1 个百分点。

第四，中国农业高质量发展为全球农业投资和产业链延伸提供新动力。中国通过对外农业投资和合作，为全球农业产业链的延伸和升级注入了新的活力。近年来，中国农业企业积极"走出去"，在东南亚、非洲、南美洲等地区投资建设农业产业园、种植基地和加工设施,推动了当地农业生产的现代化和产业化。例如,中国在东南亚国家投资建设的水稻种植和加工项目,不仅提高了当地的粮食产量,还通过技术转移和培训,提升了当地农民的种植技能和管理水平。在非洲,中国企业投资的棉花、玉米和畜牧业项目,显著改善了当地的农业生产条件,创造了大量就业机会,促进了区域经济的发展。同时,中国农业企业通过并购、合资等方式,积极参与全球农业市场的竞争,推动了全球农业资源的优化配置和高效利用。例如,中国企业在巴西、阿根廷等南美国家投资大豆、玉米等作物种植和加工项目,不仅满足了国内市场的需求,还促进了全球农产品供应链的稳定。这些投资和合作项目不仅为中国农业企业开辟了新的市场空间,还为全球农业产业链的延伸和升级提供了新动力,推动了全球农业经济的协同发展。

第五,中国农业高质量发展为全球农业市场提供稳定供应。中国作为全球最大的农产品生产国和消费国,其农业生产的稳定性和高效性对全球农产品市场的供需平衡具有重要意义。通过科技创新和政策支持,中国实现了粮食、蔬菜、水果、肉类等主要农产品的稳定供应,为全球农产品市场的价格稳定和供应链安全提供了重要保障。例如,2022 年,中国粮食总产量达到 6.87 亿吨,连续多年稳定在 6.5 亿吨以上,确保了国内粮食安全的同时,也为全球粮食市场提供了稳定的供应来源。在全球气候变化和地缘政治冲突等多重不确定因素的影响下,全球农产品市场波动加剧,供应链面临巨大挑战。中国农业的稳定发展为全球农产品市场的平稳运行发挥了关键作用。例如,中国通过高效的农业生产和储备体系,确保了主要农产品的供应能力,缓解了国际市场的供需压力。同时,中国积极参与全球农产品贸易,与"一带一路"沿线国家、RCEP 成员国等建立了稳定的农产品贸易关系,推动了全球农产品市场的互联互通和协同发展。此外,中国通过技术创新和规模化生产,降低了农产品生产成本,提高了市场竞争力。例如,中国在杂交水稻、节水灌溉、智能农机等领域的技术突破,不仅提升了国内农业生产效率,还通过技术输出和国际合作,帮助其他国家提高农业生产能力,为全球农产品市场的稳定供应提供了技术支持。

9.2 国际粮食安全贡献:为全球粮食体系稳定提供坚实保障

随着中国农业的高质量发展,中国农业在国际粮食安全领域的贡献也越来越显著。粮食作为人类生存的基石,它的安全与稳定对世界和平与繁荣至关重要。在全球化的背景下,粮食安全的挑战不仅限于某一国家或地区,而是超越国界，影响到整个国际社会。中国农业的高质量发展体现在农业生产效率的提高和农业结构的优化，推广现代农业科技、提高农业生产技术和管理水平，中国农业的生产效率得到了显著提升。同时，中国政府也积极推动农业结构的调整，优化了农业资源配置，提高了农业的综合效益。这些变化不仅提高了中国自身的粮食生产能力，还为国际市场提供了更多、更好的粮食产品。中国作为世界上最大的粮食生产国之一，其高质量的农产品不仅满足了国内市场的需求，还为国际市场提供了丰富的选择。中国农业高质量发展促进了全球粮食贸易的发展，为其他发展中国家提供了更多的粮食出口机会，进一步促进了全球粮食安全的提升（图 9-1）。

图 9-1　参观者在德国科隆国际食品博览会一个中国企业展台参观交谈
来源：新华社。

第一，中国立足国内，牢牢端住自己的饭碗。我国粮食连年丰收，2022年，粮食产量连续 8 年稳定在 1.3 万亿斤以上，粮食生产实现"十九连丰"。2022 年，我国农作物自主选育品种面积占比超 95%，实现中国粮主要用中国种。我国主要农作物良种覆盖率达 96%[①]。2022 年中国总人口 14.12 亿人，占世界总人口的 18% 左右；而中国粮食总产量达到 6.87 亿吨，连续 8 年超过6.5 亿吨，其中谷物产量高达 6.33 亿吨，占全球谷物总产量的 23% 左右，实现了"谷物基本自给、口粮绝对安全"保障目标[②]。在稳定粮食产能方面，截

---

① 数据来源：农业农村部。

② 韩杨. 全球粮食安全与农业可持续发展的中国贡献［EB/OL］. (2023-09-17)［2023-11-21］. https://theory. gmw. cn/2023-09/17/content_36838028. htm.

至 2022 年，我国耕地面积为 19.14 亿亩，粮食播种面积为 17.75 亿亩，累计建成高标准农田 10 亿亩，农田有效灌溉面积超过 10.37 亿亩；小麦、水稻、玉米三大主粮基本实现良种全覆盖，良种对粮食增产的贡献率超过 45%，农业科技进步贡献率超过 62%，农作物耕种收综合机械化率达 73%，农作物秸秆综合利用率超过 88%；小麦、水稻、玉米三大粮食作物化肥利用率超过 41%，绿色防控覆盖率达到 52%，开展全链条多环节节粮减损行动，农业资源利用效率、可持续发展和现代化水平持续提升，农业综合生产能力明显提高[①]。中国的口粮自给率在 100% 以上，谷物自给率在 95% 以上，人均粮食占有量约为 480 千克，高于国际公认的 400 千克粮食安全线。2019 年 10 月 14 日发表的《中国的粮食安全》白皮书数据显示，仅从 2010 年算起，中国粮食总产量先后跨过 5.5 亿吨、6 亿吨、6.5 亿吨三大台阶，2015 年开始连续 4 年稳定在 6.5 亿吨以上水平。2018 年中国粮食产量近 6.6 亿吨，比改革开放之初的 3 亿吨增产 116%，是新中国成立时 1.1 亿吨的近 6 倍。中国人均粮食占有量比 1949 年增长了 126%。根据《中国农业展望报告（2022—2031）》，未来 10 年，中国谷物基本自给、口粮绝对安全能够完全确保，粮食自给率将提高到 88% 左右。其次，中国在保障自身粮食安全的基础上，积极维护国际粮食安全。联合国粮食峰会特使卡里巴塔表示"中国很好地管理自己的粮食库存，不仅保障了中国人民的粮食供给，还为世界人民的粮食安全作出重要贡献"。中国积极落实《联合国 2030 年可持续发展议程》制定的"零饥饿"目标，用占全球 9% 的耕地、6% 的淡水资源，实现了粮食安全从基本解决温饱问题到数量、质量、营养的全方位保障转变，这也是对世界粮食安全的重大贡献。

第二，中国积极参与南南合作和三方合作，这也是应对全球饥饿、营养不良、贫困和不平等挑战的重要解决途径。各国应携手合作，共同应对全球粮食安全问题。通过共享知识、技术、资源和经验，我们可以更有效地应对自然和人为灾害，保护我们的粮食系统。中国提出的全球发展倡议，将粮食安全作为八大重点合作领域之一，积极参与联合国组织倡导的粮食救援计划，派遣技术专家组到非洲、拉美等的发展中国家服务当地农民，向广大发展中国家推广了 1 000 多项农业技术，是联合国粮农组织南南合作框架下资金援助最多、派出专家最多、开展项目最多的发展中国家。自 1973 年中国恢复在联合国粮农组织的席位以来，一直是该组织的理事会成员国。1978 年至今，联合国粮农组织在华实施了近 500 个国内、区域和国际项目。2009 年，正式成立中国—联

---

① 韩杨. 全球粮食安全与农业可持续发展的中国贡献 [EB/OL]. （2023 - 09 - 17）[2023 - 11 - 21]. https://theory. gmw. cn/2023 - 09/17/content _ 36838028. htm.

合国粮食及农业组织南南合作信托基金，众多南南合作项目得以实施，300 多名中国专家通过这些项目"授人以渔"，分享中国经验和技术，帮助其他发展中国家进一步提升粮食安全水平和农业综合生产能力。2020 年 9 月，中国宣布设立第三期中国—联合国粮食及农业组织南南合作信托基金。2021 年 12 月，中国同联合国粮食及农业组织签署基金总协定。中国—联合国粮食及农业组织南南合作计划目前在约 20 个国家开展，10 万多人从中受益。国际玉米小麦改良中心成立于 1966 年，是一家非营利性国际农业研究和培训机构，目前全球发展中国家种植的玉米、小麦近一半来源于该中心种质。自 1974 年中国与国际玉米小麦改良中心建立研究伙伴关系至今，已有 20 多家中国机构参与了种质交流，双方联合培训中方科研人员和研究生超 5 000 人，为中国农业发展带去世界经验。该中心墨西哥总部目前有 2 名常驻的中方科研人员和多名中方交流学者，把中国粮食安全之道也回馈给世界。根据中心统计，中国已为这座农作物多样性仓库提供上千份小麦种质资源。2000 年以来，中国种植的小麦 26% 与该中心品种有"血缘关系"，双方合作育成的 13 个玉米新品种在尼泊尔等国家种植，助力当地粮食增产增收（图 9 - 2）。

图 9 - 2　在墨西哥国际玉米小麦改良中心"种质银行"
内拍摄的一份来自中国的玉米种质
来源：新华社。

　　中国农业"走出去"步伐不断加快，中国企业深度融入全球农产品产业链、价值链与供应链，并且中国不断加强与国际社会的农业生产信息共享、经验交流、技术合作与政策协同，为全球粮食安全治理做出积极贡献。在维护国际粮食安全上，中国以实际行动表明，中国不断发展的农业，不断增长的粮食产量，不断提升的农业技术等，不仅保障了自己国家的粮食安全，而且积极向世界共享，分享中国的农业技术，为发展中国家提供技术支持等，是中国为国际粮食安全作出的突出贡献，更展现了中国的大国担当。中国也将继续端牢自己的饭碗，并继续为维护国际粮食安全做贡献。

9.3 全球生态环境贡献：为全球生态改善持续赋能

中国始终是全球生态文明建设的重要参与者、贡献者和引领者，坚定维护多边主义，积极参与打造利益共生、权利共享、责任共担的全球生态治理格局。农业高质量发展具有引领绿色发展，促进农产品供给提质增效，推动产业融合，激发农业创新并增加农民收入等作用，是尊重与保护自然的发展，是促进人与自然、人与人和谐的发展，是助力生态文明建设的发展，有着深远意义。农业，作为全球生态系统的重要影响因素，一直以来都在为我们的生存和发展提供着基础保障。随着科技的发展和全球气候变化的挑战，农业的角色和重要性愈发凸显。

中国坚持以农业绿色发展引领生态文明建设，摒弃传统的农业经济发展方式，在农业生产中坚持"尊重自然、顺应自然、保护自然"的理念，协调农业生产与生态环境保护的关系。将农业绿色发展理念灌输到种养业、农产品加工业及乡村旅游业等全领域，渗透到农业生产的全链条，在守住绿水青山的同时，建设美丽农业。中国积极推广的生态农业，充分合理地利用自然资源，有效地提高农业生产力，既保护农业生态环境，促进良性循环的形成，又获得生产发展、生态环境保护、能源的再生利用、经济效益四者统一的综合效果。

中国围绕实现碳达峰、碳中和目标，构建资源节约、环境友好、绿色导向的气候智能型农业。中国积极推动现代化农业发展，这其中包含了发展现代智慧生态农业、绿色农业等。发展现代智慧生态农业就是要实现资源高效循环利用，通过区域资源、生态与产业布局优化配置和农业功能拓展，提高农业生态系统功能与农业生产的生态化水平；发掘多样种植、种养结合、农林复合、景观优化等农业生态系统，实现农业生产系统物质的有效循环；推进生物处废、水肥精准控制等技术应用，实现农业生产全过程废物处理，减少农业生产环境影响（图9-3）。中国始终坚持贯彻新发展理念，推动构建新发展格局，践行绿色发展理念，推动中国农业高质量发展。1999年以来，我国先后开展了两轮大规模退耕还林还草，中央累计投入5 700多亿元，共计完成退耕还林还草任务2.13亿亩，同时完成配套荒山荒地造林和封山育林3.1亿亩。《2023中国农业农村低碳发展报告》指出，我国农业碳排放是基础性、生存性排放，同时在过去，以较低的农业碳排放强度，保障了粮食和重要农产品的稳定安全供给。报告援引了2014年的公开数据，数据显示，我国农业生产总碳排放量为8.28亿吨二氧化碳当量，只占全国碳排放的6.7%，但农业生产总值占GDP

总量的 9.5%。这表明，我国农业生产以 1/16 碳排放量，创造了近 1/10 的 GDP。

图 9-3　在乌干达卡隆古区卢卡亚镇中亿农园，作业员
赫伯特·阿加巴操控无人机喷洒农药
来源：新华社。
注：2014 年，中国企业开始在卢卡亚镇的滩涂中开发农业。如今，这里已经变成
了万顷良田，并建起现代化农场。

　　中国农业高质量发展的底色就是"绿色"，强调农业绿色生产，将绿色理念贯彻到农业生产的各个环节。农业的绿色发展通过推广有机农业、精准农业等模式，有效节约资源，减小环境压力。有机农业通过减少化肥和农药的使用，减少土壤污染和地下水污染；精准农业则通过精准施肥和灌溉，提高资源利用效率，减少浪费。这些措施有助于改善土壤质量，提高土地生产力，进而保护生态环境。有机农业和精准农业通过减少化肥和农药的使用，减少大气中污染物的排放。此外，绿色农业还提倡轮作制度，避免土壤酸化，提高土壤的通气性和保水性，有助于改善空气质量。实现耕地保护、水资源合理利用、减少化肥农药的使用等，为保护农业生态环境、维护生物多样性做出重要贡献，为实现"双碳"目标作出了重要贡献。生态环境与人类生活息息相关，中国在农业方面，以自身实际行动开展农业绿色发展，展现了中国持续推动绿色发展，与各国一道共同构建人类命运共同体的坚定决心。中国坚持"绿水青山就是金山银山"的理念，正确处理发展和保护、全局和局部、当前和长远等关系，构建绿色低碳循环发展的经济体系、约束和激励并举的制度体系等体系，统筹产业结构调整、污染治理、生态保护、应对气候变化，创造了举世瞩目的生态奇迹和绿色发展奇迹。农业绿色发展、农业高质量发展是中国推动绿色发展的重要环节，中国推动绿色发展的路径和举措，就是人类绿色发展史上的重

要财富，为其他国家特别是广大发展中国家提供了经验借鉴，为全球生态环境的改善做出了重要贡献（图9-4）。

图9-4　中国在南非北开普省德阿镇拍摄的德阿风电项目设备

来源：新华社。

注：这是由中国龙源电力集团南非公司运营的德阿风电项目，项目每年发电量超过7.5亿千瓦时，相当于节约20多万吨标准煤，减排二氧化碳约70万吨。

9.4　世界减贫贡献：为全球减贫事业贡献中国力量

农业是国民经济的基础产业，也是全球减贫事业的重要领域。2021年，全国脱贫攻坚总结表彰大会召开，并指出，中国的脱贫"创造了减贫治理的中国样本，为全球减贫事业作出了重大贡献"。中国实施精准扶贫政策、乡村振兴战略，完成了中国的脱贫攻坚任务，在这其中农业发挥重要作用。中国的贫困人口主要集中在农村地区，集中精力发展农业，发展乡村产业，是实现脱贫的重要途径。中国积极落实《联合国2030年可持续发展议程》制定的"零饥饿"目标，用占全球9％的耕地、6％的淡水资源，实现了粮食安全从基本解决温饱问题到数量、质量、营养的全方位保障转变，取得了历史性成就。

在全球范围内，农业高质量发展对减贫事业作出了重要贡献。具体来说，一是提高农民收入水平，优质农产品的生产能够增加农民的收入来源，改善农民的生活条件。二是促进农村经济发展，优化农业生产结构能够带动农村地区的经济发展，为贫困人口提供更多的就业机会和创业空间。三是减少贫困人口，资源节约和环境友好的生产方式有助于减少环境污染和生态破坏，降低贫困人口因环境问题而陷入贫困的风险。同时，科技创新驱动能够提高农业生产效率和管理水平，为贫困人口提供更多脱贫致富的机会。四是推动全球减贫进程，农业高质量发展不仅有助于改善本国贫困人口的生活条件，还能为其他发展中国家提供借鉴和经验，推动全球减贫进程的深入开展。总之，农业高质量发展是实现减贫目标的重要途径之一。通过提高农产品品质、优化农业生产结构、节约资源与环境友好、加强科技创新等手段，实现农业高质量发展不仅能够促进本国经济发展和减贫事业，还能为其他发展中国家提供借鉴和经验，推动全球减贫进程的深入开展。因此，我们应该加大政策引导和支持力度，推动农业高质量发展，为实现全球减贫目标作出更大的贡献。刚果（金）驻华大使巴卢穆埃内说，贫困是全球性的重大问题，需要多维度的方案去解决，减少甚至消除贫困的斗争需要每个人参与，减贫是我们构建共同繁荣的人类命运共同体的基石，中国减贫成绩获得了高度赞赏，我们要学习中国减贫经验。中国实现了约占世界四分之一的粮食产量；历史性地解决了绝对贫困问题，减少了近8亿贫困人口，极大加速了世界减贫进程。中国秉持正确义利观和真实亲诚理念，积极开展减贫与保障粮食安全的南南合作，为全球减贫与农业治理提供了重要的公共产品。

9.5　农业高质量发展的中国方案：中国智慧与实践

农业高质量发展对于一个国家的经济和社会发展具有至关重要的影响，特别是在其他发展中国家，农业的发展对于实现国家整体发展目标，提高人民生活水平，具有不可替代的作用。联合国国际农业发展基金南南合作局局长、总裁特别顾问王玮在解答如何加强发展中国家间的农业技术等交流问题时认为，建立农业数据共享平台，可以使农民轻松访问农业信息、市场数据、气象信息等。这些平台可以是手机应用程序、网站或短信服务，方便小农户随时获取有关种植、灌溉、肥料使用、市场渠道等方面的建议。农村互联网中心，可以提供互联网接入和数字培训，帮助农民了解如何使用智能手机、应用程序、传感器，以及如何解释和利用数字数据来改进农业实践。值得一提的是，中国在推广数字农业方面有许多杰出的企业。其致力于开发和推广先进的农业科技和数字化解决方案，以提高农业生产效率和改善农民生计。农发基金希望与这些企业加强合作，支持它们到其他发展中国家开展数字技术合作，推动小农户参与数字农业项目并从中受益。中国在农业技术方面的交流，一直以来都是坚持开放，积极向其他发展中国家分享农业生产技术，向其他发展中国家派遣农业技术专家，提供技术援助，帮助较为落后的发展中国家发展农业，发展农村经济。

中国始终积极参与南南合作，20 世纪 50 年代，开始对外开展南南合作，提供经济技术援助，这一时期的中国自身财力紧张、物资匮乏，但是依然尽全力帮助其他国家。20 世纪 70 年代以后，中国从过去单纯提供援助，转变为通过多种方式支持其他发展中国家的发展，包括技术转移与知识共享、人才培训与教育、经济合作与投资、灾害救援和人道援助等，充分展现了大国担当。中国在南南合作中倡导尊重受援国意愿和主导权、平等互利，以及合作方式的灵活多样和"因地制宜"，推进了南南合作的迅速发展。中国积极提升粮食生产能力、保护和调动粮食种植积极性、创新完善粮食市场体系、建立粮食科技创新体系等，有望在全球南方国家中进行推广。中国用发展的办法消除贫困、精准扶贫、造血式扶贫、产业扶贫、科技扶贫等，将为其他发展中国家提供有益借鉴和参考。在中国，政府、科学界、农业界齐心协力，解决农业生产力问题、产量差距问题、农业产量问题，以三方合作的方式解决农业发展中的问题，农业实现转型发展，中国确保粮食安全、成功减贫的经验为世界其他发展中国家提供了丰富的经验和参考样本。

中国农业高质量发展，是在农业产量、农业质量、农业技术、农业生态环境、农业安全上同步发力的高质量发展。推动中国农业高质量发展，是中国农业走向世界、走中国特色社会主义现代化农业发展道路的重要途径，在推动中国农业高质量发展的过程中，中国积极践行新发展理念、共建"一带一路"、构建人类命运共同体、提出全球发展倡议，在世界经济、国际粮食安全、世界减贫、全球生态环境的发展与改善上，提供了中国样本。农业发展与国家经济、人民幸福生活息息相关，中国根据自身情况，走符合国情的农业发展道路，在农业发展、稳定粮食生产、贫困人口脱贫中取得了令人瞩目的成绩，这便是具有中国特色的中国方案，为世界上那些既希望加快发展又希望保持自身独立的国家和民族，走符合本国国情的道路提供了经验和借鉴。

　　本书以党的二十大精神为指引，围绕高质量发展这个全面建设社会主义现代化国家的首要任务，聚焦农业发展，从马克思主义视域探索其核心要义、内在逻辑、实现路径和重大贡献，对我国农业高质量发展问题进行了较为系统和深入的研究。本书研究内容既有理论研究，又有实证研究；既有历史脉络梳理，又有现实问题回应。主要内容包括：面对"两个大局"中国农业的发展选择、中国农业高质量发展的内涵与外延、中国农业高质量发展的依据、中国农业高质量发展的原则和要求、中国农业高质量发展的机遇与挑战、中国农业高质量发展的现状及实现路径、中国农业高质量发展的全球价值。

　　本书观点：农业是国民经济的基础，实现农业强国战略，农业高质量发展是关键。中国农业必须立足于实现中华民族伟大复兴的战略全局，着眼于科学把握和有效应对世界大变局。农业高质量发展的底色是"绿色"，擦亮底色就是以尊重自然为前提，以统筹经济、社会、生态效益为基本原则，以绿色科技创新与体制机制创新为驱动，实现粮食安全、资源高效、环境友好、富裕健康多目标协同发展。同时，农业高质量发展是联系的，是对中国式现代化道路的探索，是经济效益、生态效益和社会效益协调优化的表达，是推动一二三产业融合发展的实现。而明确中国农业高质量发展方向，则是从中国农业的发展演进、马克思主义的发展理论、中国农业的发展现实三个维度，从历史、理论、现实三条逻辑进路来认识。在实践中，充分认识到，中国农业高质量发展，必须深入践行新发展理念，要以创新成为第一动力、协调成为内生特点、绿色成为普遍形态、开放成为必由之路、共享成为根本目的作为指导原则。具体体现在绿色要求、质量要求、安全要求三个方面。中国特色社会主义进入新时代，农业发展取得历史性成就、发生历史性变革，是因为具有制度、市场、生产等诸多优势，同时也面临严峻考验，特别是发展中突出的不平衡不充分、市场需求不稳定、智能化数字化发展远远不够、从业人口不足、经济效益不突出等问题，必须深化供给侧结构性改革与扩大内需相结合、构建现代农业产业体系、促进数字经济和实体经济深度融合、大力发展农业新经济、强化农业全产业链融合、加快形成农业高质量发展体制机制、推动形成农业新发展格局、培养农业发展的高质量人才、塑造农产品品牌和品牌文化、坚持自立自强，走出一条更高质量、更有效率、更加公平、更可持续、更为安全的农业高质量发展道路。这不仅对中国发展意义重大，对世界的经济、粮食安全、生态环境、减贫等多方面的贡献也有着巨大价值，并对其他国家农业发展也提供了经验和借鉴。

在本书写作完成之际，党的二十届三中全会召开了。全会指出："高质量发展是全面建设社会主义现代化国家的首要任务。必须以新发展理念引领改革，立足新发展阶段，深化供给侧结构性改革，完善推动高质量发展激励约束机制，塑造发展新动能新优势。要健全因地制宜发展新质生产力体制机制，健全促进实体经济和数字经济深度融合制度，完善发展服务业体制机制，健全现代化基础设施建设体制机制，健全提升产业链供应链韧性和安全水平制度。"这为进一步加快农业高质量发展指明了方向，在农业领域全面深化改革，以新质生产力赋能农业发展，实现农业强国建设。

《马克思主义视域下中国农业高质量发展研究》主要由西华大学马克思主义学院罗钰副教授完成，在研究和撰写过程中，西华大学马克思主义学院严欢老师、马克思主义中国化方向研究生胡家萍提供了重要协助。在本书写作过程中，得到了西华大学马克思主义学院领导和老师的支持和帮助，在此表示衷心的感谢。

著　者

2024 年 7 月